Frank Wedekind

Erdgeist

SEVERUS Verlag

Wedekind, Frank: Erdgeist. Eine Tragödie in vier Aufzügen. 2019
Neuauflage der Ausgabe von 1903
ISBN: 978-3-96345-038-9

Umschlaggestaltung: Annelie Lamers, SEVERUS Verlag
Umschlagmotiv: www.pixabay.com

Bibliografische Information der Deutschen Nationalbibliothek: Die Deutsche Nationalbibliothek verzeichnet diese Publikation in der Deutschen Nationalbibliografie; detaillierte bibliografische Daten sind im Internet über https://dnb.de abrufbar.

Der SEVERUS Verlag ist ein Imprint der Bedey & Thoms Media GmbH, Hermannstal 119k, 22119 Hamburg

SEVERUS Verlag, 2019
http://www.severus-verlag.de
Gedruckt in Deutschland

Frank Wedekind

Erdgeist

Eine Tragödie in vier Aufzügen

SEVERUS

Inhalt

Personen

Medizinalrat Dr. Goll
Dr. Schön, Chefredakteur
Alwa, sein Sohn
Schwarz, Kunstmaler
Prinz Escerny, Afrikareisender
Schigolch
Rodrigo, Artist
Hugenberg, Gymnasiast
Escherich, Reporter
Lulu
Gräfin Geschwitz, Malerin
Ferdinand, Kutscher
Henriette, Zimmermädchen
Ein Bedienter

Die Rolle Hugenberg wird von einem Mädchen gespielt.

»Mich schuf aus gröberm Stoffe die Natur,
Und zu der Erde zieht mich die Begierde.
Dem bösen Geist gehört die Erde, nicht
Dem guten. Was die Göttlichen uns senden
Von oben, sind nur allgemeine Güter;
Ihr Licht erfreut, doch macht es keinen reich,
In ihrem Staat erringt sich kein Besitz.
Den Edelstein, das allgeschätzte Gold
Muss man den falschen Mächten abgewinnen,
Die unterm Tage schlimmgeartet hausen.
Nicht ohne Opfer macht man sie geneigt,
Und keiner lebet, der aus ihrem Dienst
Die Seele hätte rein zurückgezogen.«

Prolog

Nach dem Wortlaut der zweiten Auflage (1903)

Ein Tierbändiger tritt, nachdem der aufgezogene Vorhang einen Zelteingang hat sichtbar werden lassen, in zinnoberrotem Frack, weißer Krawatte, langen schwarzen Locken, weißen Beinkleidern und Stulpstiefeln, in der Linken eine Hetzpeitsche, in der Rechten einen geladenen Revolver, unter Zimbelklängen und Paukenschlägen aus dem Zelt.

Hereinspaziert in die Menagerie,
Ihr stolzen Herrn, ihr lebenslust'gen Frauen,
Mit heißer Wollust und mit kaltem Grauen
Die unbeseelte Kreatur zu schauen,
Gebändigt durch das menschliche Genie.
Hereinspaziert, die Vorstellung beginnt! –
Auf zwei Personen kommt umsonst ein Kind.

Hier kämpfen Tier und Mensch im engen Gitter,
Wo jener höhnend seine Peitsche schwingt
Und dieses, mit Gebrüll wie Ungewitter,
Dem Menschen mörderisch an die Kehle springt;
Wo bald der Kluge, bald der Starke siegt,
Bald Mensch, bald Tier geduckt am Estrich liegt;
Das Tier bäumt sich, der Mensch auf allen vieren!
Ein eisig kalter Herrscherblick –
Die Bestie beugt entartet das Genick
Und lässt sich fromm die Ferse drauf postieren.

Schlecht sind die Zeiten! – All die Herrn und Damen,
Die einst vor meinem Käfig sich geschart,
Beehren Possen, Ibsen, Opern, Dramen
Mit ihrer hochgeschätzten Gegenwart.
An Futter fehlt es meinen Pensionären,
So dass sie gegenseitig sich verzehren.
Wie gut hat's am Theater ein Akteur!
Des Fleischs auf seinen Rippen ist er sicher,
Sei auch der Hunger ein ganz fürchterlicher
Und des Kollegen Magen noch so leer. –
Doch will man Großes in der Kunst erreichen,
Darf man Verdienst nicht mit dem Lohn vergleichen.

Was seht ihr in den Lust- und Trauerspielen?! –
Haustiere, die so wohlgesittet fühlen,
An blasser Pflanzenkost ihr Mütchen kühlen
Und schwelgen in behaglichem Geplärr,
Wie jene andern – unten im Parterre:
Der eine Held kann keinen Schnaps vertragen,
Der andre zweifelt, ob er richtig liebt,
Den dritten hört ihr an der Welt verzagen,
Fünf Akte lang hört ihr ihn sich beklagen,
Und niemand, der den Gnadenstoß ihm gibt.
Das *wahre* Tier, das *wilde, schöne* Tier,
Das – meine Damen! – sehn Sie nur bei mir.

Sie sehen den *Tiger,* der gewohnheitsmäßig,
Was in den Sprung ihm läuft, hinunterschlingt;
Den *Bären,* der, von Anbeginn gefräßig,
Beim späten Nachtmahl tot zu Boden sinkt;
Sie sehn den kleinen amüsanten *Affen*
Aus Langeweile seine Kraft verpaffen;
Er hat Talent, doch fehlt ihm jede Größe,

Drum kokettiert er frech mit seiner Blöße;
Sie sehn in meinem Zelte, meiner Seel',
Sogar gleich hinterm Vorhang ein *Kamel!* –
Und sanft schmiegt das Getier sich mir zu Füßen,
Wenn – *er schießt ins Publikum* – donnernd mein
Revolver knallt.
Rings bebt die Kreatur; ich bleibe kalt –
Der *Mensch* bleibt kalt! – Sie ehrfurchtsvoll zu grüßen.

Hereinspaziert! – Sie traun sich nicht herein? –
Wohlan, Sie mögen selber Richter sein!
Sie sehn auch das Gewürm aus allen Zonen:
Chamäleone, Schlangen, Krokodile,
Drachen und Molche, die in Klüften wohnen.
Gewiss, ich weiß, Sie lächeln in der Stille
Und glauben mir nicht eine Silbe mehr –
er lüftet den Türvorhang und ruft in das Zelt.
He, Aujust! Bring mir unsre *Schlange* her!
Ein schmerbäuchiger Arbeiter trägt die Darstellerin der Lulu in ihrem Pierrotkostüm aus dem Zelt und setzt sie vor dem Tierbändiger nieder.
Sie ward geschaffen, Unheil anzustiften,
Zu locken, zu verführen, zu vergiften –
Zu morden, ohne dass es einer spürt.
Lulu am Kinn krauend.
Mein süßes Tier, sei ja nur nicht *geziert!*
Nicht *albern*, nicht *gekünstelt*, nicht *verschroben*,
Auch wenn die Kritiker dich weniger loben.
Du hast kein Recht, uns durch Miaun und Fauchen
Die *Urgestalt* des *Weibes* zu verstauchen,
Durch Faxenmachen uns und Fratzenschneiden
Des *Lasters Kindereinfalt* zu verleiden!
Du sollst – drum sprech' ich heute sehr ausführlich –

Natürlich sprechen und nicht unnatürlich!
Denn erstes Grundgesetz seit frühster Zeit
In jeder Kunst war *Selbstverständlichkeit!*

Zum Publikum.

Es ist jetzt nichts Besondres dran zu sehen,
Doch warten Sie, was später wird geschehen:

Mit starkem Druck umzingelt sie den Tiger;
Er heult und stöhnt! – Wer bleibt am Ende Sieger?! –
Hopp, Aujust! Marsch! Trag sie an ihren Platz –

Der Arbeiter nimmt Lulu quer auf die Arme; der Tierbändiger tätschelt ihr die Hüften.

Die süße Unschuld – meinen größten Schatz!

Der Arbeiter trägt Lulu ins Zelt zurück.

Und nun bleibt noch das Beste zu erwähnen:
Mein Schädel zwischen eines Raubtiers Zähnen.
Hereinspaziert! Das Schauspiel ist nicht neu,
Doch seine Freude hat man stets dabei.
Ich wag' es, ihm den Rachen aufzureißen,
Und dieses Raubtier wagt nicht zuzubeißen.
So *schön* es ist, so *wild* und *buntgefleckt,*
Vor meinem Schädel hat das Tier Respekt!
Getrost leg' ich mein Haupt ihm in den Rachen;
Ein *Witz* – und meine beiden Schläfen krachen!
Dabei verzicht' ich auf des Auges Blitz;
Mein *Leben* setz' ich gegen einen *Witz;*
Die Peitsche werf' ich fort und diese Waffen
Und geb' mich *harmlos,* wie mich Gott geschaffen. –
Wisst ihr den Namen, den dies Raubtier führt? – –
Verehrtes Publikum – – Hereinspaziert!!

Der Tierbändiger tritt unter Zimbelklängen und Paukenschlägen in das Zelt zurück.

Erster Aufzug

Geräumiges Atelier. – Rechts hinten Entreetür, rechts vorn Seitentür zum Schlafkabinett. In der Mitte ein Podium. Hinter dem Podium eine spanische Wand. Vor dem Podium ein Smyrnateppich. Links vorn zwei Staffeleien. Auf der hintern das Brustbild eines jungen Mädchens. Gegen die vordere lehnt eine umgekehrte Leinwand. Vor den Staffeleien, etwas gegen die Mitte vorn, eine Ottomane. Darüber Tigerfell. Rechts an der Wand zwei Sessel. Im Hintergrund eine Trittleiter.

Erster Auftritt

Schwarz *und* Schön.

Schön, *auf dem Fußende der Ottomane sitzend, mustert das Brustbild auf der hinteren Staffelei.*

Wissen Sie, dass ich die Dame von einer ganz neuen Seite kennen lerne?

Schwarz, *Pinsel und Palette in der Hand, steht hinter der Ottomane.*

Ich habe noch niemanden gemalt, bei dem der Gesichtsausdruck so ununterbrochen wechselte. – Es war mir kaum möglich, einen einzigen Zug dauernd festzuhalten.

Schön, *auf das Bild deutend, ihn ansehend.*

Finden Sie das darin?

Schwarz.

Ich habe das Erdenklichste getan, um durch meine Unterhaltung während der Sitzungen wenigstens etwas Ruhe in der Stimmung hervorzurufen.

Schön.

Dann verstehe ich den Unterschied.

Schwarz, *taucht den Pinsel ins Ölnäpfchen und überstreicht die Gesichtszüge.*

Schön.

Glauben Sie, es wird dadurch ähnlicher?

Schwarz.

Man kann nicht mehr tun als es mit der Kunst so gewissenhaft wie möglich nehmen.

Schön.

Sagen Sie mal …

Schwarz, *zurücktretend.*

Die Farbe ist auch wieder etwas eingeschlagen.

Schön, *ihn ansehend.*

Haben Sie jemals in Ihrem Leben ein Weib geliebt?

Schwarz, *geht auf die Staffelei zu, setzt eine Farbe auf und tritt auf der anderen Seite zurück.*

Der Stoff ist noch nicht genügend abgehoben. Man sieht noch nicht recht, dass ein lebender Körper darunter ist.

Schön.

Ich zweifle nicht daran, dass die Arbeit gut ist.

Schwarz.

Wenn Sie hierhertreten wollen.

Schön, *sich erhebend.*

Sie müssen ihr wahre Schauergeschichten erzählt haben.

Schwarz.

So weit wie möglich zurück.

Schön, *zurücktretend, stößt die an die vordere Staffelei gelehnte Leinwand um.*

Pardon …

Schwarz, *den Rahmen aufhebend.*

O bitte …

Schön, *betroffen.*

Was ist das …

Schwarz.

Kennen Sie sie?

Schön.

Nein.

Schwarz, *setzt das Bild auf die Staffelei, man sieht eine Dame als Pierrot gekleidet mit einem hohen Schäferstab in der Hand.*

Ein Kostümbild.

Schön.

Die ist Ihnen aber gelungen.

Schwarz.

Sie kennen sie?

Schön.

Nein. Und in dem Kostüm?

Schwarz.

Es fehlt noch die ganze Ausführung.

Schön.

Na ja.

Schwarz.

Was wollen Sie? Während sie mir steht, habe ich das Vergnügen, ihren Mann zu unterhalten.

Schön.

Sagen Sie …

Schwarz.

Über Kunst natürlich, um mein Glück zu vervollständigen.

Schön.

Wie kommen Sie denn zu der reizenden Bekanntschaft?

Schwarz.

Wie man dazu kommt. Ein steinalter, wackliger Knirps fällt mir hier herein, ob ich seine Frau malen könne. Nun natürlich, und wenn sie runzlig wie Mutter Erde ist. Andern Tags Punkt zehn fliegen die Türen auf, und der Schmerbauch treibt dies Engelskind vor sich her. Ich fühle jetzt noch, wie mir die Knie schwankten. Ein stocksteifer, saftgrüner Lakai mit einem Paket unter dem Arm. Wo die Garderobe sei? Denken Sie sich meine Lage. Ich öffne die Tür da. *Nach rechts deutend.* Nur ein Glück, dass schon alles in Ordnung war. Das süße Geschöpf huscht hinein, und der Alte postiert sich als Schanzkorb davor. Zwei Minuten darauf tritt sie in diesem Pierrot heraus. *Den Kopf schüttelnd.* Ich habe nie so was gesehen.

Geht nach rechts und starrt an die Schlafzimmertür hin.

Schön, *der ihm mit dem Blick gefolgt.*

Und der Schmerbauch steht Schildwache?

Schwarz, *sich umwendend.*

Der ganze Körper im Einklang mit dem unmöglichen Kostüm, als wäre er darin zur Welt gekommen. Ihre Art, die Ellbogen in die Taschen zu vergraben, die Füßchen vom Teppich zu heben – mir schießt oft das Blut zu Kopf …

Schön.

Das sieht man dem Bild an.

Schwarz, *kopfschüttelnd.*

Unsereiner, wissen Sie …

SCHÖN.

Hier führt das Modell die Konversation.

SCHWARZ.

Sie hat den Mund noch nicht aufgetan.

SCHÖN.

Ist's möglich!

SCHWARZ.

Erlauben Sie, dass ich Ihnen das Kostüm zeige.

Nach rechts ab.

SCHÖN, *allein, vor dem Pierrot.*

Eine Teufelsschönheit. *Vor dem Brustbild.* Hier ist mehr Fond. *Nach vorn kommend.* Er ist noch etwas jung für sein Alter.

SCHWARZ, *kommt mit einem weißen Atlaskostüm zurück.*

Was das für ein Stoff sein mag?

SCHÖN, *den Stoff befühlend.*

Atlas.

SCHWARZ.

Und alles in einem Stück.

SCHÖN.

Wie kommt man denn da hinein?

SCHWARZ.

Das kann ich Ihnen nicht sagen.

SCHÖN, *das Kostüm bei den Beinen nehmend.*

Diese riesigen Hosenpfeifen!

SCHWARZ.

Die linke rafft sie hinauf.

SCHÖN, *auf das Bild sehend.*

Bis übers Knie!

SCHWARZ.

Sie macht das zum Entzücken.

SCHÖN.

Und transparente Strümpfe?

SCHWARZ.

Die wollen nämlich gemalt sein.

SCHÖN.

Oh, das können Sie.

SCHWARZ.

Dabei von einer Koketterie!

SCHÖN.

Wie kommen Sie auf den entsetzlichen Verdacht?

SCHWARZ.

Es gibt Dinge, von denen sich unsere Schulweisheit nichts träumen lässt. *Trägt das Kostüm in sein Schlafzimmer.*

SCHÖN, *allein.*

Wenn man schläft …

SCHWARZ, *kommt zurück, sieht nach der Uhr.*

Wenn Sie übrigens ihre Bekanntschaft machen wollen …

SCHÖN.

Nein.

SCHWARZ.

Sie müssen im Augenblick hier sein.

SCHÖN.

Wie oft wird denn die Dame noch sitzen müssen?

SCHWARZ.

Ich werde die Tantalusqual wohl noch ein Vierteljahr zu erdulden haben.

SCHÖN.

Ich meine die andere.

Schwarz.

Entschuldigen Sie. Dreimal höchstens. *Ihn zur Türe geleitend.* Wenn mir die Dame dann nur ihre Taille dalassen will!

Schön.

Mit Vergnügen. Lassen Sie sich bald wieder bei mir sehen. *Stößt in der Tür auf Dr. Goll und Lulu.* In Gottes Namen!

Zweiter Auftritt

Dr. Goll. Lulu. *Die* Vorigen.

Schwarz.

Darf ich vorstellen ...

Goll, *zu Schön.*

Was treiben denn Sie hier?

Schön, *Lulu die Hand küssend.*

Frau Medizinalrat.

Lulu.

Sie wollen doch nicht schon gehen?

Goll.

Welcher Wind führt denn Sie hierher?

Schön.

Ich habe mir das Bild meiner Braut angesehen.

Lulu, *nach vorn kommend.*

Ihre Braut ist hier?

Goll.

Sie lassen hier also auch arbeiten?

Lulu, *vor dem Brustbild.*

Sieh da! Bezaubernd! Entzückend!

GOLL, *sich umsehend.*

Sie halten sie wohl hier irgendwo versteckt?

LULU.

Das ist also das süße Wunderkind, das Sie zu einem Menschen gemacht …

SCHÖN.

Sie sitzt meistens am Nachmittag.

GOLL.

Und davon erzählen Sie einem nichts?

LULU, *sich umwendend.*

Ist sie denn wirklich so ernst?

SCHÖN.

Wohl noch die Nachwirkung der Pensionszeit, gnädige Frau.

GOLL, *vor dem Brustbild.*

Man sieht, dass Sie eine tiefgehende Wandlung durchgemacht haben.

LULU.

Nun dürfen Sie sie aber nicht mehr länger warten lassen.

SCHÖN.

In vierzehn Tagen denke ich unsere Verlobung bekanntzumachen.

GOLL, *zu Lulu.*

Lass uns keine Zeit verlieren. Hopp!

LULU, *zu Schön.*

Denken Sie, wir fuhren im Trab über die neue Kaibrücke. Ich habe selber kutschiert.

SCHÖN, *will sich verabschieden.*

GOLL.

Nein, nein. Wir beide sprechen nachher weiter. Geh, Nelli. Hopp!

Lulu.

Jetzt kommt's an mich!

Goll.

Unser Apelles leckt sich schon die Pinsel ab.

Lulu.

Ich hatte mir das viel amüsanter vorgestellt.

Schön.

Sie haben dabei immerhin die Genugtuung, uns den seltensten Genuss zu bereiten.

Lulu, *nach rechts gehend.*

Na, warten Sie nur.

Schwarz, *vor der Schlafzimmertür.*

Wenn Frau Obermedizinalrat so freundlich sein wollen.

Schließt die Tür hinter ihr und bleibt davor stehen.

Goll.

Ich habe sie in unserm Ehekontrakt nämlich Nelli getauft.

Schön.

So? – Ja.

Goll.

Was halten Sie davon?

Schön.

Warum nennen Sie sie nicht lieber Mignon?

Goll.

Das wäre auch was. Daran habe ich nicht gedacht.

Schön.

Glauben Sie, dass der Name soviel dabei ausmacht?

Goll.

Hm – Sie wissen, ich habe keine Kinder.

Schön, *sein Zigarettenetui aus der Tasche nehmend.*

Sie sind doch aber auch erst ein paar Monate verheiratet.

Goll.

Danke. Ich wünsche mir keine.

Schön.

Rauchen Sie eine Zigarette?

Goll, *sich bedienend.*

Ich habe an dem einen vollkommen genug.

Zu Schwarz.

Sagen Sie mal, was macht denn eigentlich Ihre kleine Tänzerin?

Schön, *sich nach Schwarz umwendend.*

Sie und eine Tänzerin?

Schwarz.

Die Dame saß mir damals nur aus Gefälligkeit. Ich kenne die Dame von einem Ausflug des Cäcilienvereins her.

Goll, *zu Schön.*

Hm – ich glaube, wir kriegen anderes Wetter.

Schön.

Das geht wohl nicht so rasch mit der Toilette?

Goll.

Das geht wie der Blitz! Die Frau muss Virtuosin in ihrem Fach sein. Das muss jeder von uns in seinem Fach, wenn das Leben nicht zur Bettelei werden soll. *Ruft.* Hopp, Nelli!

Schwarz, *an der Tür.*

Frau Obermedizinalrat!

Lulu, *von innen.*

Gleich, gleich.

Goll, *zu Schön.*

Ich begreife solche Stockfische nicht.

Schön.

Ich beneide sie. Diese Stockfische kennen nichts Heiligeres als ihr Hungertuch. Sie fühlen sich reicher als unsereiner mit 30 000 Mark Renten. Sie können übrigens nicht über einen Menschen urteilen, der von Kindesbeinen an von der Palette in den Mund gelebt hat. Nehmen Sie es auf sich, ihn zu finanzieren. Es ist ein Rechenexempel. Mir fehlt der moralische Mut. Man verbrennt sich auch leicht die Finger …

LULU, *als Pierrot aus dem Schlafzimmer tretend.*
Da bin ich.

SCHÖN, *wendet sich um, nach einer Pause.*
Superb!

LULU, *tritt näher.*
Nun?

SCHÖN.
Sie beschämen die kühnste Phantasie.

LULU.
Wie gefall' ich Ihnen?

SCHÖN.
Ein Bild, vor dem die Kunst verzweifeln muss.

GOLL.
Finden Sie nicht auch?

SCHÖN, *zu Lulu.*
Sie wissen doch wohl nicht recht, was Sie tun.

LULU.
Ich bin mir meiner vollkommen bewusst!

SCHÖN.
Dann dürften Sie etwas besonnener sein.

LULU.
Ich tue ja doch nur meine Schuldigkeit.

SCHÖN.
Sie sind gepudert?

LULU.
Was fällt Ihnen ein!

Goll.

Sie hat eine weiße Haut, wie ich sie noch nirgends gesehen habe. Ich habe unserem Raffael auch gesagt, er möge sich mit dem Fleisch nur ja so wenig wie möglich abgeben. Ich kann mich einmal für die moderne Kleckserei nicht begeistern.

Schwarz, *an den Staffeleien, seine Farben präparierend.*

Dem Impressionismus dankt es die heutige Kunst jedenfalls, dass sie sich alten Meistern ohne Erröten an die Seite stellen darf.

Goll.

Für ein Stück Schlachtvieh mag sie ja ganz angebracht sein.

Schön.

Nur um Gottes willen keine Aufregung!

Lulu, *fällt Goll um den Hals und küsst ihn.*

Goll.

Man sieht dein Negligé. Du musst es herunterziehen.

Lulu.

Ich hätte es am liebsten weggelassen. Es geniert nur.

Goll.

Er wäre imstande und malte es hin.

Lulu, *nimmt den Schäferstab, der an der spanischen Wand lehnt, auf das Podium steigend, zu Schön.*

Was würden Sie jetzt sagen, wenn Sie zwei Stunden Parade stehen müssten?

Schön.

Meine Seele verschriebe ich dem Teufel, um mit Ihnen tauschen zu dürfen.

Goll, *sich rechts setzend.*

Kommen Sie hierher. Hier ist nämlich mein Beobachtungsposten.

Lulu, *das linke Beinkleid bis zum Knie hinaufraffend, zu Schwarz.*

So?

Schwarz.

Ja …

Lulu, *es um eine Idee höher raffend.*

So?

Schwarz.

Ja, ja …

Goll, *zu Schön, der auf dem Sessel neben ihm Platz genommen hat, mit einer Handbewegung.*

Ich finde sie nämlich von hier aus noch vorteilhafter.

Lulu, *ohne sich zu rühren.*

Ich bitte sehr! Ich bin von allen Seiten gleich vorteilhaft.

Schwarz, *zu Lulu.*

Das rechte Knie weiter vor, bitte.

Schön, *mit einer Geste.*

Der Körper zeigt vielleicht feinere Linien …

Schwarz.

Die Beleuchtung ist heute zum mindesten halbwegs erträglich.

Goll.

Sie müssen sie flott hinwerfen! Fassen Sie Ihren Pinsel etwas länger!

Schwarz.

Gewiss, Herr Medizinalrat.

Schön.

Behandeln Sie sie als Stilleben!

Schwarz.

Gewiss, Herr Doktor. *Zu Lulu.* Sie pflegten den Kopf um eine Idee höher zu halten, Frau Medizinalrat.

LULU, *den Kopf hebend.*

Malen Sie mir die Lippen etwas geöffnet.

SCHÖN.

Malen Sie Schnee auf Eis. Wenn Sie sich dabei erwärmen, dann wird Ihre Kunst sofort unkünstlerisch.

SCHWARZ.

Gewiss, Herr Doktor!

GOLL.

Die Kunst, wissen Sie, muss die Natur so wiedergeben, dass man wenigstens *geistig* dabei genießen kann!

LULU, *den Mund etwas öffnend, zu Schwarz.*

So – sehen Sie. So halte ich sie halb geöffnet.

SCHWARZ.

Sobald die Sonne kommt, wirft die Mauer von gegenüber warme Reflexe herein.

GOLL, *zu Lulu.*

Du musst dich in deiner Stellung überhaupt so verhalten, als ob unser Velasquez hier gar nicht vorhanden wäre.

LULU.

Ein Maler ist doch auch eigentlich gar kein Mann.

SCHÖN.

Ich glaube nicht, dass Sie von einer rühmlichen Ausnahme so ohne weiteres auf die ganze Zunft schließen dürfen.

SCHWARZ, *von der Staffelei zurücktretend.*

Ich hätte mir im vergangenen Herbst doch lieber ein anderes Atelier mieten müssen.

SCHÖN, *zu Goll.*

Was ich fragen wollte – haben Sie die kleine O'Morphi schon als peruanische Perlenfischerin gesehen?

GOLL.

Morgen sehe ich sie mir zum viertenmal an. Der Fürst Polossow führte mich hin. Sein Haar ist vor Entzücken schon wieder dunkelblond geworden.

SCHÖN.

Sie finden sie also auch so fabelhaft?

GOLL.

Wer will das je im voraus beurteilen!

LULU.

Ich glaube, es hat geklopft.

SCHWARZ.

Entschuldigen Sie mich einen Augenblick.

Geht zur Tür und öffnet.

GOLL.

Du darfst ihn getrost etwas unbefangener anlächeln.

SCHÖN.

Dem macht das gar nichts.

GOLL.

Und wenn! – Wozu sitzen wir beide denn hier!

Dritter Auftritt

Alwa Schön. *Die* Vorigen.

Alwa, *noch hinter der spanischen Wand.*

Darf man eintreten?

Schön.

Mein Sohn.

Lulu.

Das ist ja Herr Alwa!

Goll.

Kommen Sie nur ungeniert herein!

Alwa, *vortretend, reicht Schön und Goll die Hand.*

Herr Medizinalrat ...

Sich nach Lulu umwendend.

Seh ich recht? – Wenn ich Sie doch nur für meine Hauptrolle engagieren könnte!

Lulu.

Ich würde für Ihr Stück wohl kaum gut genug tanzen.

Alwa.

Aber Sie haben doch einen Tanzlehrer, wie man ihn an keiner Bühne Europas findet!

Schön.

Was führt dich denn hierher?

Goll.

Sie lassen hier wohl auch insgeheim irgend jemanden porträtieren?

Alwa, *zu Schön.*

Ich wollte dich zur Generalprobe abholen.

Schön, *erhebt sich.*

Goll.

Lassen Sie denn heute schon in vollem Kostüm tanzen?

Alwa.

Versteht sich. Kommen Sie mit. In fünf Minuten muss ich auf der Bühne sein. *Zu Lulu.* Ich Unglücklicher!

Goll.

Ich habe ganz vergessen – wie nennt sich doch Ihr Ballett?

Alwa.

Dalai-Lama.

Goll.

Ich glaubte, der wäre im Irrenhaus.

Schön.

Sie meinen Nietzsche, Herr Sanitätsrat.

Goll.

Sie haben recht. Ich verwechsle die beiden.

Alwa.

Ich habe dem Buddhismus auf die Beine geholfen.

Goll.

An den Beinen erkennt man den Bühnendichter.

Alwa.

Die Corticelli tanzt den jugendlichen Buddha, als hätte sie am Ganges das Licht der Welt erblickt.

Schön.

Solang die Mutter noch lebte, tanzte sie mit den Beinen ...

Alwa.

Als sie dann frei wurde, tanzte sie mit dem Verstande ...

Goll.

Jetzt tanzt sie mit dem Herzen!

Alwa.

Wenn Sie sie sehen wollen?

Goll.

Danke.

ALWA.

Kommen Sie doch mit!

GOLL.

Unmöglich!

SCHÖN.

Wir haben übrigens keine Zeit zu verlieren.

ALWA.

Kommen Sie mit, Herr Medizinalrat. Im dritten Akt sehen Sie Dalai-Lama in seinem Kloster, mit seinen Mönchen …

GOLL.

Mir wäre es lediglich um den jugendlichen Buddha zu tun.

ALWA.

Was hindert sie denn?

GOLL.

Es geht nicht. Es geht nicht.

ALWA.

Wir gehen nachher zu Peters. Da können Sie Ihrer Bewunderung Ausdruck geben.

GOLL.

Dringen Sie nicht weiter in mich. Ich bitte Sie.

ALWA.

Sie sehen die zahmen Affen, die beiden Brahmanen, die kleinen Mädchen …

GOLL.

Bleiben Sie mir nur um Gottes willen mit den kleinen Mädchen vom Halse!

LULU.

Reservieren Sie uns eine Proszeniumsloge auf Montag, Herr Alwa?

ALWA.

Wie konnten gnädige Frau daran zweifeln?

Goll.

Wenn ich zurückkomme, hat mir der Höllenbreughel das ganze Bild verpatzt!

Alwa.

Das wäre doch kein Unglück. Das lässt sich übermalen.

Goll.

Wenn man dem Caravacci nicht jeden Pinselstrich expliziert …

Schön.

Ich halte übrigens Ihre Befürchtungen für unbegründet.

Goll.

Das nächste Mal, meine Herren!

Alwa.

Die Brahmanen werden ungeduldig! Die Töchter Nirvanas schlottern in ihren Trikots!

Goll.

Verdammte Kleckserei!!

Schön.

Man wird uns auszanken, dass wir Sie nicht mitbringen.

Goll.

In fünf Minuten bin ich zurück. *Stellt sich links vorn hinter Schwarz und vergleicht das Bild mit Lulu.*

Alwa, *zu Lulu.*

Mich ruft leider die Pflicht, gnädige Frau.

Goll, *zu Schwarz.*

Sie müssen hier ein wenig mehr modellieren. Das Haar ist schlecht. Sie sind nicht genug bei der Sache …

Alwa.

Kommen Sie.

GOLL.

Nun nur hopp! Zu Peters bringen mich keine zehn Pferde.

SCHÖN, *Alwa und Goll folgend.*

Wir nehmen meinen Wagen, der unten steht.

VIERTER AUFTRITT

SCHWARZ. LULU.

SCHWARZ, *beugt sich nach links, spuckt aus.*

Pack! – Wäre doch das Leben zu Ende! – Der Brotkorb! – Brotkorb und Maulkorb! Jetzt bäumt sich mein Künstlerstolz. *Nach einem Blick auf Lulu.* Diese Gesellschaft! – *Erhebt sich, geht nach rechts hinten, betrachtet Lulu von allen Seiten, setzt sich wieder an die Staffelei.* Die Wahl würde einem schwer. – – Wenn ich Frau Obermedizinalrat ersuchen darf, die rechte Hand etwas höher.

LULU, *nimmt den Schäferstab so hoch sie reichen kann, für sich.*

Wer hätte das für möglich gehalten!

SCHWARZ.

Ich bin wohl recht lächerlich?

LULU.

Er kommt gleich zurück.

SCHWARZ.

Ich kann nicht mehr tun als malen.

LULU.

Da ist er.

SCHWARZ, *sich erhebend.*

Nun?

LULU.

Hören Sie nicht?

SCHWARZ.

Es kommt jemand ...

LULU.

Ich wusste es ja.

SCHWARZ.

Es ist der Hausmeister. Er fegt die Treppe.

LULU.

Gott sei Dank.

SCHWARZ.

Sie begleiten Herrn Obermedizinalrat wohl auf seine Praxis?

LULU.

Das fehlte mir noch!

SCHWARZ.

Weil Sie es nicht gewohnt sind, allein zu sein.

LULU.

Wir haben zu Hause eine Haushälterin.

SCHWARZ.

Die Ihnen Gesellschaft leistet?

LULU.

Sie hat viel Geschmack.

SCHWARZ.

Wofür?

LULU.

Sie zieht mich an.

SCHWARZ.

Sie gehen wohl viel auf Bälle?

LULU.

Nie.

SCHWARZ.

Wozu brauchen Sie dann die Toiletten?

Lulu.

Zum Tanzen.

Schwarz.

Sie tanzen wirklich?

Lulu.

Csardas – Samaqueca – Skirtdance …

Schwarz.

Widert Sie denn das nicht an?

Lulu.

Sie finden mich hässlich?

Schwarz.

Sie verstehen mich nicht. – Wer gibt Ihnen denn den Unterricht?

Lulu.

Er.

Schwarz.

Wer?

Lulu.

Er.

Schwarz.

Er?

Lulu.

Er spielt Violine. – – –

Schwarz.

Man lernt jeden Tag ein neues Stück Welt kennen.

Lulu.

Ich habe in Paris gelernt. Ich nahm Stunden bei Eugenie Fougère. Sie hat mich auch ihre Kostüme kopieren lassen.

Schwarz.

Wie sind denn die?

Lulu.

Grünes Spitzenröckchen bis zum Knie, ganz in

Volants dekolletiert natürlich, sehr dekolletiert und fürchterlich geschnürt. Hellgrüner Unterrock, dann immer heller. Schneeweiße Dessous mit handbreiten Spitzen …

SCHWARZ.

Ich kann nicht mehr …

LULU.

Malen Sie doch!

SCHWARZ, *mit dem Spachtel schabend.*

Ist Ihnen denn nicht kalt?

LULU.

Gott bewahre! Nein. Wie kommen Sie auf die Frage? Ist Ihnen denn so kalt?

SCHWARZ.

Heute nicht. Nein.

LULU.

Gottlob kann man atmen!

SCHWARZ.

Wieso …

LULU, *atmet tief ein.*

SCHWARZ.

Lassen Sie das, bitte! – *Springt auf, wirft Pinsel und Palette weg, geht auf und nieder.* Der Stiefelputzer hat es wenigstens nur mit ihren Füßen zu tun. Seine Farbe frisst ihm auch nicht ins Geld. Wenn mir morgen das Abendbrot fehlt, fragt mich kein Weltdämchen danach, ob ich mich aufs Austernschlecken verstehe.

LULU.

Ist das ein Unhold!

SCHWARZ, *nimmt die Arbeit wieder auf.*

Was jagt den Kerl auch in diese Probe!

Lulu.

Mir wäre es auch lieber, er wäre dageblieben.

Schwarz.

Wir sind wirklich die Märtyrer unseres Berufes!

Lulu.

Ich wollte Ihnen nicht weh tun.

Schwarz, *zögernd, zu Lulu.*

Wenn Sie links – das Beinkleid ein wenig höher ...

Lulu.

Hier?

Schwarz, *tritt zum Podium.*

Erlauben Sie ...

Lulu.

Was wollen Sie?

Schwarz.

Ich zeige es Ihnen.

Lulu.

Es geht nicht.

Schwarz.

Sie sind nervös ... *Will ihre Hand fassen.*

Lulu, *wirft ihm den Schäferstab ins Gesicht.*

Lassen Sie mich in Ruhe!

Eilt zur Entreetür.

Sie bekommen mich noch lange nicht.

Schwarz.

Sie verstehen keinen Scherz.

Lulu.

Doch, ich verstehe alles. Lassen Sie mich nur frei. Mit Gewalt erreichen Sie gar nichts bei mir. Gehen Sie an Ihre Arbeit. Sie haben kein Recht, mich zu belästigen. *Flüchtet hinter die Ottomane.* Setzen Sie sich hinter Ihre Staffelei.

Schwarz, *will um die Ottomane.*

Sobald ich Sie für Ihre Launenhaftigkeit bestraft habe.

Lulu, *ausweichend.*

Dazu müssen Sie mich aber erst haben. Gehen Sie, Sie erwischen mich doch nicht. – In langen Kleidern wäre ich Ihnen längst in die Hände gefallen. – Aber in dem Pierrot!

Schwarz, *sich der Länge nach über die Ottomane werfend.*

Habe ich dich!

Lulu, *schlägt ihm das Tigerfell über den Kopf.*

Gute Nacht! Springt über das Podium, klettert auf die Trittleiter. Ich sehe über alle Städte der Erde weg ...

Schwarz, *sich aus der Decke wickelnd.*

Dieser Balg!

Lulu.

Ich greife in den Himmel und stecke mir die Sterne ins Haar.

Schwarz, *ihr nachkletternd.*

Ich schüttle, bis Sie herunterfallen.

Lulu, *höher steigend.*

Wenn Sie nicht aufhören, werfe ich die Leiter um. Werden Sie meine Beine loslassen! – Gott schütze Polen! *Bringt die Leiter zu Fall, springt auf das Podium und wirft Schwarz, wie er sich vom Boden aufrafft, die spanische Wand an den Kopf. Nach vorn eilend, an den Staffeleien.* Ich habe Ihnen ja gesagt, dass Sie mich nicht bekommen.

Schwarz, *nach vorn kommend.*

Lassen Sie uns Frieden schließen. Will sie umfassen.

Lulu.

Bleiben Sie mir vom Leib, oder ... *Sie wirft ihm die*

Staffelei mit dem Brustbild entgegen, dass beides krachend zu Boden stürzt.

SCHWARZ, *schreit auf.*

Barmherziger Gott!

LULU, *links hinten.*

Das Loch haben Sie selber hineingeschlagen.

SCHWARZ.

Ich bin ruiniert! Zehn Wochen Arbeit, meine Reise, meine Ausstellung. – jetzt ist nichts mehr zu verlieren. *Stürzt ihr nach.*

LULU, *springt über die Ottomane, über die umgestürzte Trittleiter, kommt über das Podium nach vorn.*

Ein Graben! – Fallen Sie nicht hinein! *Stapft durch das Brustbild.* Sie hat einen neuen Menschen aus ihm gemacht! *Fällt vornüber.*

SCHWARZ, *über die spanische Wand stolpernd.*

Ich kenne kein Erbarmen mehr.

LULU, *im Hintergrund.*

Lassen Sie mich jetzt in Ruhe. – Mir wird schwindlig. – – O Gott, o Gott ... *Kommt nach vorn und sinkt auf die Ottomane.*

SCHWARZ, *verriegelt die Tür. Darauf setzt er sich neben sie, ergreift ihre Hand und bedeckt sie mit Küssen, hält inne; man sieht ihm an, dass er einen inneren Kampf kämpft.*

LULU, *schlägt die Augen auf.*

Er kann zurückkommen.

SCHWARZ.

Wie ist dir?

LULU.

Als wäre ich ins Wasser gefallen ...

SCHWARZ.

Ich liebe dich.

Lulu.

Ich liebte einmal einen Studenten.

Schwarz.

Nelli ...

Lulu.

Mit vierundzwanzig Schmissen ...

Schwarz.

Ich liebe dich, Nelli.

Lulu.

Ich heiße nicht Nelli.

Schwarz, *küsst sie.*

Lulu.

Ich heiße Lulu.

Schwarz.

Ich werde dich Eva nennen.

Lulu.

Wissen Sie, wieviel Uhr es ist?

Schwarz, *nach der Uhr sehend.*

Halb elf.

Lulu, *nimmt die Uhr und öffnet das Gehäuse.*

Schwarz.

Du liebst mich nicht.

Lulu.

Doch ... Es ist fünf Minuten nach halb elf.

Schwarz.

Gib mir einen Kuss, Eva!

Lulu, *nimmt ihn am Kinn und küsst ihn, wirft die Uhr in die Luft und fängt sie auf.*

Sie riechen nach Tabak.

Schwarz.

Warum sagst du nicht »du«?

Lulu.

Es würde unbehaglich.

Schwarz.

Du verstellst dich!

Lulu.

Sie verstellen sich selber, wie mir scheint. – Ich mich verstellen? Wie kommen Sie nur darauf? – Das hatte ich niemals nötig.

Schwarz, *erhebt sich fassungslos, sich mit der Hand über die Stirn fahrend.*

Allmächtiger! Ich kenne die Welt nicht ...

Lulu, *schreit.*

Bringen Sie mich nur nicht um!

Schwarz, *sich rasch umwendend.*

Du hast noch nie geliebt ...

Lulu, *sich halb aufrichtend.*

Sie haben noch nie geliebt ...

Goll, *von außen.*

Machen Sie auf!

Lulu, *ist aufgesprungen.*

Verstecken Sie mich! O Gott, verstecken Sie mich!

Goll, *gegen die Tür polternd.*

Machen Sie auf!

Schwarz, *will zur Tür.*

Lulu, *hält ihn zurück.*

Er schlägt mich tot.

Goll, *gegen die Tür polternd.*

Machen Sie auf!

Lulu, *vor Schwarz niedergesunken, umfasst seine Knie.*

Erschlägt mich tot. Er schlägt mich tot.

Schwarz.

Stehen Sie auf ... *Die Tür fällt krachend ins Atelier.*

Fünfter Auftritt

Goll. *Die* Vorigen.

Goll, *mit blutunterlaufenen Augen stürzt mit erhobenem Stock auf Schwarz und Lulu los.*

Ihr Hunde! – Ihr ... *Keucht, ringt einige Sekunden nach Atem und schlägt vornüber auf die Diele.*

Schwarz, *wankt in den Knien.*

Lulu, *hat sich zur Tür geflüchtet.* – Pause.

Schwarz, *tritt an Goll heran.*

Herr – Herr Medi – Herr Medizi – Herr Medizinal – Herr Medizinalrat.

Lulu, *in der Tür.*

Bringen Sie doch bitte erst das Atelier in Ordnung.

Schwarz.

Herr Obermedizinalrat. *Beugt sich nieder.* Herr ... *Tritt zurück. Er hat sich die Stirne geritzt.* Helfen Sie mir, ihn auf die Ottomane legen.

Lulu, *bebt scheu zurück.*

Nein, nein ...

Schwarz, *sucht ihn umzukehren.*

Herr Medizinalrat.

Lulu.

Er hört nicht.

Schwarz.

Helfen Sie mir doch nur.

Lulu.

Wir heben ihn zu zweit auch nicht.

Schwarz, *sich emporrichtend.*

Man muss zum Arzt schicken.

Lulu.

Er ist furchtbar schwer.

Schwarz, *seinen Hut nehmend.*

Seien Sie doch bitte so freundlich und richten Sie, bis ich zurück bin, die Stellagen ein wenig zurecht.

Ab.

Sechster Auftritt

Lulu. Goll.

Lulu.

Auf einmal springt er auf. – *Eindringlich.* Bussi! – – Er lässt sich nichts merken. – *Kommt in weitem Bogen nach vorn.* Er sieht mir auf die Füße und beobachtet jeden Schritt, den ich tue. Er hat mich überall im Auge. – *Sie berührt ihn mit der Fußspitze.* Bussi! – *Zurückweichend.* Es ist ihm Ernst. – – Der Tanz ist aus. – – Er lässt mich sitzen. – – Was fang' ich an? – – *Beugt sich zur Erde.* Ein wildfremdes Gesicht! – *Sich aufrichtend.* Und niemand, der ihm den letzten Dienst erweist. – Ist das trostlos …

Siebenter Auftritt

Schwarz. *Die* Vorigen.

Schwarz.

Noch nicht wieder zur Besinnung gekommen?

Lulu, *links vorn.*

Was fang' ich an …

Schwarz, *über Goll gebeugt.*

Herr Medizinalrat.

Lulu.

Ich glaube beinah, es ist ihm Ernst.

Schwarz.

Reden Sie doch anständig!

Lulu.

Er würde mir das nicht sagen. Er lässt sich von mir vortanzen, wenn er sich nicht wohl fühlt.

Schwarz.

Der Arzt muss im Augenblick hier sein.

Lulu.

Arznei hilft ihm nicht.

Schwarz.

Aber man tut doch in solchem Falle, was man kann.

Lulu.

Er glaubt nicht daran.

Schwarz.

Wollen Sie sich denn nicht wenigstens umziehen?

Lulu.

Ja. – Gleich.

Schwarz.

Worauf warten Sie denn noch?

Lulu.

Ich bitte Sie …

Schwarz.

Was denn …?

Lulu.

Schließen Sie ihm die Augen.

Schwarz.

Sie sind entsetzlich.

Lulu.

Noch lange nicht so entsetzlich wie Sie!

Schwarz.

Wie ich?

Lulu.

Sie sind eine Verbrechernatur.

Schwarz.

Rührt Sie denn dieser Moment gar nicht?

Lulu.

Mich trifft es auch mal.

Schwarz.

Ich bitte Sie, jetzt schweigen Sie endlich mal!

Lulu.

Sie trifft es auch mal.

Schwarz.

Das brauchen Sie einem in einem solchen Augenblick wirklich nicht noch zu sagen.

Lulu.

Ich bitte Sie …

Schwarz.

Tun Sie, was Ihnen nötig scheint. Ich kenne das nicht.

Lulu, *rechts von Goll.*

Er sieht mich an.

Schwarz, *links von Goll.*

Mich auch …

Lulu.

Sie sind ein Feigling!

Schwarz, *schließt Goll mit dem Taschentuch die Augen.*

Es ist das erstemal in meinem Leben, dass ich dazu verurteilt bin.

Lulu.

Haben Sie es denn Ihrer Mutter nicht getan?

Schwarz, *nervös.*

Nein.

Lulu.

Sie waren wohl auswärts?

Schwarz.
Nein!

Lulu.
Oder Sie fürchteten sich?

Schwarz, *heftig.*
Nein.

Lulu, *bebt zurück.*
Ich wollte Sie nicht beleidigen.

Schwarz.
Sie lebt noch.

Lulu.
Dann haben Sie doch noch jemanden.

Schwarz.
Sie ist bettelarm.

Lulu.
Das kenne ich.

Schwarz.
Spotten Sie meiner nicht!

Lulu.
Jetzt bin ich reich …

Schwarz.
Es ist grauenerregend. *Geht nach links.* Was kann sie dafür!

Lulu, *für sich.*
Was fang' ich an?

Schwarz, *für sich.*
Vollkommen verwildert! *Schwarz links, Lulu rechts, sehen einander misstrauisch an.*

Schwarz, *geht auf sie zu, ergreift ihre Hand.*
Sieh mir ins Auge!

Lulu, *ängstlich.*
Was wollen Sie …

Schwarz, *führt sie zur Ottomane, nötigt sie, neben ihm Platz zu nehmen.*

Sieh mir in die Augen!

Lulu.

Ich sehe mich als Pierrot darin.

Schwarz, *stößt sie von sich.*

Verwünschte Tanzerei!

Lulu.

Ich muss mich umziehen …

Schwarz, *hält sie zurück.*

Eine Frage …

Lulu.

Ich darf ja nicht antworten.

Schwarz, *wieder an der Ottomane.*

Kannst du die Wahrheit sagen?

Lulu.

Ich weiß es nicht.

Schwarz.

Glaubst du an einen Schöpfer?

Lulu.

Ich weiß es nicht.

Schwarz.

Kannst du bei etwas schwören?

Lulu.

Ich weiß es nicht. Lassen Sie mich! Sie sind verrückt!

Schwarz.

Woran glaubst du denn?

Lulu.

Ich weiß es nicht.

Schwarz.

Hast du denn keine Seele?

Lulu.

Ich weiß es nicht.

SCHWARZ.

Hast du schon einmal geliebt –?

LULU.

Ich weiß es nicht.

SCHWARZ, *erhebt sich, geht nach links, für sich.*

Sie weiß es nicht!

LULU, *ohne sich zu rühren.*

Ich weiß es nicht.

SCHWARZ, *mit einem Blick auf Goll.*

Er weiß es …

LULU, *sich ihm nähernd.*

Was wollen Sie wissen?

SCHWARZ, *empört.*

Geh, zieh dich an!

LULU, *geht ins Schlafkabinett.*

ACHTER AUFTRITT

SCHWARZ. GOLL.

SCHWARZ.

Ich möchte tauschen mit dir, du Toter! Ich gebe sie dir zurück. Ich gebe dir meine Jugend dazu. Mir fehlt der Mut und der Glaube. Ich habe mich zu lange gedulden müssen. Es ist zu spät für mich. Ich bin dem Glück nicht gewachsen. Ich habe eine höllische Angst davor. Wach auf! Ich habe sie nicht angerührt. *Er öffnet den Mund.* – Mund auf und Augen zu wie die Kinder. Bei mir ist es umgekehrt. Wach auf! Wach auf! *Kniet nieder und bindet ihm sein Taschentuch um den Kopf.* Hier flehe ich zum Himmel, er möge mich befähigen, glücklich zu sein.

Er möge mir die Kraft geben und die seelische Freiheit, nur ein klein wenig glücklich zu sein. *Um ihretwillen, einzig um ihretwillen.*

Neunter Auftritt

Lulu. *Die* Vorigen.

Lulu, *tritt aus dem Schlafkabinett, vollständig angekleidet, den Hut auf, die rechte Hand unter der linken Achsel; zu Schwarz den linken Arm hebend.*

Würden Sie mich hier zuhaken. Meine Hand zittert.

Zweiter Aufzug

Sehr eleganter Salon. Rechts hinten Entreetür. Vorne rechts und links Portieren. Zu der links führen einige Stufen hinan. An der Hinterwand über dem Kamin in prachtvollem Brokatrahmen Lulus Bild als Pierrot. Links ein hoher Spiegel. Davor eine Chaiselongue. Rechts ein Schreibtisch in Ebenholz. In der Mitte einige Sessel um ein chinesisches Tischchen.

Erster Auftritt

Lulu. Schwarz. *Dann* Henriette.

Lulu, *in grünseidenem Morgenkleid, steht regungslos vor dem Spiegel, runzelt die Stirn, fährt mit der Hand darüber, befühlt ihre Wangen, trennt sich vom Spiegel mit einem missmutigen, halb zornigen Blick, geht nach rechts, sich mehrmals umwendend, öffnet auf dem Schreibtisch eine Schatulle, zündet sich eine Zigarette an, sucht unter den Büchern, die auf dem Tisch liegen, nimmt eines zur Hand, legt sich auf die Chaiselongue, dem Spiegel gegenüber, lässt, nachdem sie einen Moment gelesen, das Buch sinken, nickt sich ernsthaft zu, nimmt die Lektüre wieder auf.*

Schwarz, *Pinsel und Palette in der Hand, tritt von rechts ein, beugt sich über Lulu, küsst sie auf die Stirn, geht nach links die Stufen hinan, wendet sich in der Portiere um* Eva!

Lulu, *lächelnd.*

Befehlen?

Schwarz.

Ich finde, du siehst heute außerordentlich reizend aus.

Lulu, *mit einem Blick in den Spiegel.*

Es kommt auf die Ansprüche an.

Schwarz.

Dein Haar atmet eine Morgenfrische …

Lulu.

Ich komme aus dem Wasser.

Schwarz, *sich ihr nähernd.*

Ich habe heute furchtbar zu tun.

Lulu.

Das redest du dir ein.

Schwarz, *legt Pinsel und Palette auf den Teppich und setzt sich auf den Rand der Chaiselongue.*

Was liest du denn da?

Lulu, *liest.*

Plötzlich hörte sie einen Rettungsanker die Treppe heraufwinken.

Schwarz.

Wer in aller Welt schreibt denn so ergreifend?

Lulu, *liest.*

Es war der Geldbriefträger.

Henriette, *durch die Entree, eine Hutschachtel am Arm, setzt ein Tablett mit Briefen auf den Tisch.*

Die Post. – Ich gehe der Putzmacherin den Hut bringen. Haben gnädige Frau noch etwas zu befehlen?

Lulu.

Nichts.

Schwarz, *winkt ihr, sich zu entfernen.*

Henriette, *verschmitzt lächelnd ab.*

Schwarz.

Was hast du vergangene Nacht denn alles geträumt?

Lulu.

Das hast du mich heute doch schon zweimal gefragt.

Schwarz, *erhebt sich, nimmt die Briefe vom Tablett.*

Ich zittere vor Neuigkeiten. Ich fürchte jeden Tag, die Welt könnte untergehen. *Zur Chaiselongue zurückgekehrt, Lulu einen Brief gebend.* An dich.

Lulu, *führt das Billett zur Nase.*

Die Corticelli. *Birgt es an ihrem Busen.*

Schwarz, *einen Brief durchfliegend.*

Meine Samaquecatänzerin verkauft – für 50 000 Mark!

Lulu.

Wer schreibt denn das?

Schwarz.

Sedelmeier in Paris. Das ist das dritte Bild seit unserer Verheiratung. Ich weiß mich vor meinem Glück kaum zu retten.

Lulu, *auf die Briefe deutend.*

Da kommt noch mehr.

Schwarz, *eine Verlobungsanzeige öffnend.*

Sieh da! *Gibt sie Lulu.*

Lulu, *liest.*

Herr Regierungsrat Heinrich Ritter von Zarnikow beehrt sich, Ihnen von der Verlobung seiner Tochter Charlotte Marie Adelaide mit Herrn Dr. Ludwig Schön ergebenste Mitteilung zu machen.

Schwarz, *einen anderen Brief öffnend.*

Endlich! Es ist ja eine Ewigkeit, dass er darauf lossteuert, sich vor der Welt zu verloben. Ich begreife nicht, ein Gewaltmensch von seinem Einfluss. Was steht denn seiner Heirat eigentlich im Wege!!

LULU.

Was ist das, was du da liest?

SCHWARZ.

Eine Einladung, mich an der internationalen Ausstellung in Petersburg zu beteiligen. – Ich weiß gar nicht, was ich malen soll.

LULU.

Irgendein entzückendes Mädchen natürlich.

SCHWARZ.

Wenn du mir dazu Modell stehen willst?

LULU.

Es gibt doch, weiß Gott, auch andere hübsche Mädchen genug.

SCHWARZ.

Ich gelange aber einem anderen Modell gegenüber, und wenn es pikant wie die Hölle ist, nicht zu dieser vollen Ausbeutung meines Könnens.

LULU.

Dann muss ich ja wohl. – Ginge es denn nicht vielleicht auch liegend?

SCHWARZ.

Am liebsten möchte ich das Arrangement wirklich deinem Geschmack überlassen. *Die Briefe zusammenfaltend.* Dass wir nicht vergessen, Schön jedenfalls heute noch zu gratulieren! *Geht nach rechts und schließt die Briefe in den Schreibtisch.*

LULU.

Das haben wir doch längst getan.

SCHWARZ.

Seiner Braut wegen.

Lulu.

Du kannst es ihm ja noch einmal schreiben.

Schwarz.

Und jetzt zur Arbeit. *Nimmt Pinsel und Palette auf, küsst Lulu, geht links die Stufen hinan, wendet sich in der Portiere um.* Eva!

Lulu, *lässt ihr Buch sinken, lächelnd.*

Befehlen?

Schwarz, *sich ihr nähernd.*

Mir ist täglich, als sähe ich dich zum allererstenmal.

Lulu.

Du bist schrecklich.

Schwarz, *sinkt vor der Chaiselongue in die Knie, liebkost ihre Hand.*

Du trägst die Schuld.

Lulu, *ihm die Locken streichelnd.*

Du vergeudest mich.

Schwarz.

Du bist ja mein. Du bist auch nie bestrickender, als wenn du nur um Gottes willen einmal ein paar Stunden recht hässlich sein solltest! Ich habe nichts mehr, seit ich dich habe – Ich bin mir vollständig abhanden gekommen …

Lulu.

Nicht so aufgeregt. *Es läutet auf dem Korridor.*

Schwarz, *zusammenfahrend.*

Verwünscht.

Lulu.

Niemand zu Hause!

Schwarz.

Vielleicht ist es der Kunsthändler …

Lulu.

Und wenn es der Kaiser von China ist.

Schwarz.

Einen Moment. *Ab.*

Lulu, *visionär.* – Du? – du? – *Schließt die Augen.*

Schwarz, *zurückkommend.*

Ein Bettler, der den Feldzug mitgemacht haben will. Ich habe kein Kleingeld bei mir. *Pinsel und Palette aufnehmend.* Es ist auch die höchste Zeit, dass ich endlich an die Arbeit gehe. *Nach links ab.*

Lulu, *ordnet vor dem Spiegel ihre Toilette, streicht sich das Haar zurück und geht hinaus.*

Zweiter Auftritt

Lulu. Schigolch.

Schigolch, *von Lulu hereingeführt.*

Ich hatte ihn mir etwas chevaleresker gedacht; ein wenig mehr Nimbus. Er ist etwas verlegen. Er brach ein wenig in die Knie, als er *mich* vor sich sah.

Lulu, *rückt ihm einen Sessel zurecht.*

Wie kannst du ihn auch anbetteln?

Schigolch.

Deswegen habe ich meine siebenundsiebzig Lenze nämlich hergeschleppt. Du sagtest mir, er halte sich morgens an seine Malerei.

Lulu.

Er hatte noch nicht ausgeschlafen. Wieviel brauchst du?

Schigolch.

Zweihundert, wenn du soviel flüssig hast; meinetwegen dreihundert. Es sind mir einige Klienten verduftet.

LULU, *geht an den Schreibtisch und kramt in den Schubladen.*

Bin ich müde!

SCHIGOLCH, *sich umsehend.*

Das hat mich nämlich auch bewogen. Ich hätte lange gerne gesehen, wie es jetzt so bei dir zu Hause aussieht.

LULU.

Nun?

SCHIGOLCH.

Es überläuft einen. *Emporblickend.* Wie bei mir vor fünfzig Jahren. Statt der Bummelagen hatte man damals noch alte verrostete Säbel. Den Teufel noch mal, du hast es weit gebracht. *Scharrend.* Die Teppiche …

LULU, *gibt ihm zwei Billetts.*

Ich gehe am liebsten barfuß darauf.

SCHIGOLCH, *Lulus Porträt betrachtend.*

Das bist du?

LULU, *zwinkernd.*

Fein?

SCHIGOLCH.

Wenn das alles Gutes ist.

LULU.

Einen Süßen?

SCHIGOLCH.

Was denn?

LULU, *erhebt sich.*

Elixir de Spaa.

SCHIGOLCH.

Hilft nichts! – Trinkt er?

LULU, *nimmt aus einem Schränkchen neben dem Kamin Karaffe und Gläser.*

Noch nicht. *Nach vorn kommend.* Das Labsal wirkt so verschieden!

Schigolch,

Er schlägt aus?

Lulu, *zwei Gläser füllend.*

Er schläft ein.

Schigolch.

Wenn er betrunken ist, kannst du ihm in die Eingeweide sehen.

Lulu.

Lieber nicht. *Setzt sich Schigolch gegenüber.* Erzähl' mir.

Schigolch.

Die Straßen werden immer länger und die Beine immer kürzer.

Lulu.

Und deine Harmonika?

Schigolch.

Hat falsche Luft, wie ich mit meinem Asthma. Ich denke nur immer, das Ausbessern ist nicht mehr der Mühe wert. *Stößt mit ihr an.*

Lulu, *leert ihr Glas.*

Ich glaubte schon du wärest am Ende …

Schigolch.

… am Ende schon auf und davon? – Das glaubte ich auch schon. Aber wenn so erst die Sonne hinunter ist, dann lässt es einen doch noch nicht ruhen. Ich hoffe auf den Winter. Da wird hustend mein – mein – mein Asthma wohl eine Fahrgelegenheit ausfindig zu machen wissen.

Lulu, *die Gläser füllend.*

Du meinst, man könnte dich drüben vergessen haben.

Schigolch.

Wär schon möglich, weil es ja nicht der Reihe nach geht. *Ihr das Knie streichelnd.* Nun erzähl' du mal – lange nicht gesehen – meine kleine Lulu.

LULU, *zurückrückend, lächelnd.*
Das Leben ist doch unfasslich!

SCHIGOLCH.
Was weißt du! Du bist noch so jung.

LULU.
Dass du mich Lulu nennst.

SCHIGOLCH.
Lulu, nicht? Habe ich dich jemals anders genannt?

LULU.
Ich heiße seit Menschengedenken nicht mehr Lulu.

SCHIGOLCH.
Eine andere Benennungsweise?

LULU.
Lulu klingt mir ganz vorsintflutlich.

SCHIGOLCH.
Kinder! Kinder!

LULU.
Ich heiße jetzt …

SCHIGOLCH.
Als bliebe das Prinzip nicht immer das gleiche!

LULU.
Du meinst?

SCHIGOLCH.
Wie heißt es jetzt?

LULU.
Eva.

SCHIGOLCH.
Gehupft wie gesprungen!

LULU.
Ich höre darauf.

SCHIGOLCH, *sieht sich um.*
So habe ich es für dich geträumt. Du bist darauf angelegt. Was soll denn das?

LULU, *sich mit einem Parfümflakon besprengend.*
Heliotrop.
SCHIGOLCH.
Riecht das besser als du?
LULU, *ihn besprengend.*
Das braucht dich wohl nicht mehr zu kümmern.
SCHIGOLCH.
Wer hätte den königlichen Luxus vorausgeahnt!
LULU.
Wenn ich zurückdenke – – Hu!
SCHIGOLCH, *ihr das Knie streichelnd.*
Wie geht's dir denn? Treibst du noch immer Französisch?
LULU.
Ich liege und schlafe.
SCHIGOLCH.
Das ist vornehm. Das sieht immer nach so was aus. Und weiter?
LULU.
Und strecke mich – bis es knackt.
SCHIGOLCH.
Und wenn es geknackt hat?
LULU.
Was interessiert dich das!
SCHIGOLCH.
Was mich das interessiert? Was mich das interessiert? Ich wollte lieber bis zur jüngsten Posaune leben und auf alle himmlischen Freuden Verzicht leisten als meine Lulu hienieden in Entbehrung zurücklassen. Was mich das interessiert? Es ist mein Mitgefühl. Ich bin ja mit meinem besseren Ich schon verklärt. Aber ich habe noch das Verständnis für diese Welt.

Lulu.

Ich nicht.

Schigolch.

Dir ist zu wohl.

Lulu, *schaudernd.*

Blödsinnig …

Schigolch.

Wohler als bei dem alten Tanzbär?

Lulu, *wehmütig.*

Ich tanze nicht mehr …

Schigolch.

Für den war es auch Zeit.

Lulu.

Jetzt bin ich … *Stockt.*

Schigolch.

Sprich, wie es dir ums Herz ist, mein Kind! Ich hatte Vertrauen in dich, als noch nichts an dir zu sehen war als deine zwei großen Augen. Was bist du jetzt?

Lulu.

Ein Tier! …

Schigolch.

Dass dich der! – Und was für ein Tier! – Ein feines Tier! – Ein elegantes Tier! – Ein Prachtstier! – – – Dann will ich mich man beisetzen lassen. – Mit den Vorurteilen sind wir fertig. Auch mit dem gegen die Leichenwäscherin.

Lulu.

Du hast nicht zu fürchten, dass du noch mal gewaschen wirst!

Schigolch.

Macht auch nichts. Man wird doch wieder schmutzig.

Lulu, *ihn besprengend.*
Es würde dich noch mal ins Leben zurückrufen.

Schigolch.
Wir sind Moder.

Lulu.
Bitte recht schön! Ich reibe mich täglich mit Kammfett ein und dann kommt Puder darauf.

Schigolch.
Auch wohl der Mühe wert, der Zierbengel wegen.

Lulu.
Das macht die Haut wie Satin.

Schigolch.
Als wäre es deswegen nicht auch nur Dreck.

Lulu.
Danke schön. Ich will zum Anbeißen sein.

Schigolch.
Sind wir auch. Geben da unten nächstens ein großes Diner. Halten offene Tafel.

Lulu.
Deine Gäste werden sich dabei kaum überessen.

Schigolch.
Geduld, Mädchen! Dich setzen deine Verehrer auch nicht in Weingeist. Das heißt schöne Melusine, solang es seine Schwungkraft behält. Nachher? Man nimmt's im Zoologischen Garten nicht. *Sich erhebend.* Die holden Bestien bekämen Magenkrämpfe.

Lulu, *sich erhebend.*
Hast du auch genug?

Schigolch.
Es bleibt noch genug übrig, um mir eine Terebinthe aufs Grab zu pflanzen. – Ich finde selber hinaus. *Ab.*

Lulu, *begleitet ihn und kommt mit Dr. Schön zurück.*

Dritter Auftritt

Lulu. Schön.

Schön.
Was tut denn Ihr Vater hier?

Lulu.
Was haben Sie?

Schön.
Wenn ich Ihr Mann wäre, käme mir dieser Mensch nicht über die Schwelle.

Lulu.
Sie können getrost »du« sagen; er ist nicht hier.

Schön.
Ich danke für die Ehre.

Lulu.
Ich verstehe nicht.

Schön.
Das weiß ich. *Ihr einen Sessel bietend.* Darüber möchte ich nämlich gerne mit Ihnen sprechen.

Lulu, *sich unsicher setzend.*
Warum haben Sie mir denn das nicht gestern gesagt?

Schön.
Bitte, jetzt nichts von gestern. Ich habe es Ihnen vor zwei Jahren schon gesagt.

Lulu, *nervös.*
Ach so. Hm.

Schön.
Ich bitte dich, deine Besuche bei mir einzustellen.

Lulu.
Darf ich Ihnen ein Elixier …

Schön.
Danke. Kein Elixier. Haben Sie mich verstanden?

Lulu, *schüttelt den Kopf.*

Schön.

Gut. Sie haben die Wahl. – Sie zwingen mich zu den äußersten Mitteln – entweder sich Ihrer Stellung angemessen zu benehmen …

Lulu.

Oder?

Schön.

Oder – Sie zwingen mich – ich müsste mich an diejenige Persönlichkeit wenden, die für Ihre Aufführung verantwortlich ist.

Lulu.

Wie stellen Sie sich das vor?

Schön.

Ich ersuche Ihren Mann, Ihre Wege selber zu überwachen.

Lulu, *erhebt sich, geht links die Stufen hinan.*

Schön.

Wo wollen Sie denn hin?

Lulu, *ruft unter der Portiere: Walter!*

Schön, *aufspringend.*

Bist du verrückt?!

Lulu, *sich zurückwendend.*

Aha!

Schön.

Ich mache die übermenschlichsten Anstrengungen, um dich in der Gesellschaft zu erhöhen. Auf deinen Namen kannst du zehnmal stolzer sein als auf meine Vertraulichkeit …

Lulu, *kommt die Stufen herunter, legt Schön den Arm um den Hals.*

Was fürchten Sie denn jetzt noch, wo Sie am Ziel Ihrer Wünsche sind.

SCHÖN.

Keine Komödie! Am Ziel meiner Wünsche? Ich habe mich verlobt, endlich! Ich habe jetzt den Wunsch, meine Braut unter ein reines Dach zu führen.

LULU, *sich setzend.*

Sie ist zum Entzücken aufgeblüht in den zwei Jahren.

SCHÖN.

Sie sieht einem nicht mehr so ernsthaft durch den Kopf.

LULU.

Sie ist jetzt erst ganz Weib. Wir können einander treffen, wo es Ihnen angemessen scheint.

SCHÖN.

Wir werden einander nirgends treffen, es sei denn in Gesellschaft Ihres Mannes!

LULU.

Sie glauben selber nicht an das, was Sie sagen.

SCHÖN.

Dann muss doch er daran glauben. Ruf ihn nur! Durch seine Verheiratung mit dir, durch das, was ich für ihn getan, ist er mein Freund geworden.

LULU, *sich erhebend.*

Meiner auch.

SCHÖN.

Dann werde ich mir das Schwert über dem Kopf herunterschneiden.

LULU.

Sie haben mich ja an die Kette gelegt. Ihnen verdanke ich doch mein Glück. Sie bekommen Freunde die Menge, wenn Sie erst wieder eine hübsche junge Frau haben.

SCHÖN.

Du beurteilst die Frauen nach dir! – Er ist ein Kindergemüt. Er wäre deinen Seitensprüngen sonst längst auf die Spur gekommen.

LULU.

Ich wünsche nicht mehr! Er würde seine Kinderschuhe dann endlich ausziehen. Er pocht darauf, dass er den Heiratskontrakt in der Tasche hat. Die Mühe ist überstanden. Jetzt kann man sich geben und sicher gehen lassen, wie zu Hause. Er ist kein Kindergemüt. Er ist banal. Er hat keine Erziehung. Er sieht nichts. Er sieht mich nicht und sich nicht. Er ist blind, blind, blind …

SCHÖN, *halb für sich.*

Wenn dem die Augen aufgehen!!

LULU.

Öffnen Sie ihm die Augen! Ich verkomme. Ich vernachlässige mich. Er kennt mich gar nicht. Was bin ich ihm? Er nennt mich Schätzchen und kleines Teufelchen. Er würde jeder Klavierlehrerin das gleiche sagen. Er erhebt keine Prätensionen. Alles ist ihm recht. Das kommt, weil er nie in seinem Leben das Bedürfnis gefühlt hat, mit Frauen zu verkehren.

SCHÖN.

Ob das wahr ist!

LULU.

Er gesteht es ja ganz offen ein.

SCHÖN.

Jemand, der seit seinem vierzehnten Jahr Krethi und Plethi porträtiert.

LULU.

Er hat Angst vor Frauen. Er bebt für sein Wohlbefinden. – Mich fürchtet er nicht!

SCHÖN.

Wie manches Mädchen würde sich in deinem Fall Gott weiß wie selig preisen!

LULU, *zärtlich bittend.*

Verführen Sie ihn. Sie verstehen sich darauf. Bringen Sie ihn in schlechte Gesellschaft. Sie haben die Bekanntschaften. Ich bin ihm nichts als Weib und wieder Weib. Ich fühle mich so blamiert. Er wird stolzer auf mich sein. Er kennt keine Unterschiede. Ich denke mir das Hirn aus, Tag und Nacht, um ihn aufzurütteln. In meiner Verzweiflung tanze ich Cancan. Er gähnt und faselt etwas von Obszönität.

SCHÖN.

Unsinn. Er ist doch Künstler.

LULU.

Er glaubt es wenigstens zu sein.

SCHÖN.

Das ist schon die Hauptsache!

LULU.

Wenn ich mich als Modell hinstelle. Er glaubt auch, er sei ein berühmter Mann.

SCHÖN.

Dazu haben wir ihn auch gemacht!

LULU.

Er glaubt alles! Er ist misstrauisch wie ein Dieb und lässt sich anlügen, dass man jeden Respekt verliert. Als wir uns kennen lernten, machte ich ihm weis, ich hätte noch nie geliebt …

SCHÖN, *fällt in einen Lehnsessel.*

LULU.

Er hätte mich ja sonst für ein verworfenes Geschöpf gehalten!

Schön.

– Du stellst weiß Gott was für exorbitante Anforderungen an *legitime* Verhältnisse!

Lulu.

Ich stelle keine exorbitanten Anforderungen. Oft träumt mir sogar noch von Goll.

Schön.

Der war allerdings nicht banal.

Lulu.

Er ist da, als wär' er nie fortgewesen. Nur geht er wie auf Socken. Er ist mir nicht böse. Er ist furchtbar traurig. Und dann ist er furchtsam, als wäre er ohne polizeiliche Erlaubnis da. Sonst fühlt er sich behaglich mit uns. Nur kommt er nicht darüber hinweg, dass ich seither so viel Geld zum Fenster hinausgeworfen habe …

Schön.

Du sehnst dich nach der Peitsche zurück!

Lulu.

Mag sein. Ich tanze nicht mehr.

Schön.

Erzieh ihn dir dazu.

Lulu.

Das wäre verlorene Müh'!

Schön.

Unter hundert Frauen sind neunzig, die sich ihre Männer erziehen.

Lulu.

Er liebt mich.

Schön.

Das ist freilich fatal.

Lulu.

Er liebt mich …

SCHÖN.

Das ist eine unüberbrückbare Kluft.

LULU.

Er kennt mich nicht, aber er liebt mich! Hätte er nur eine annähernd richtige Vorstellung von mir, er würde mir einen Stein an den Hals binden und mich im Meer versenken, wo es am tiefsten ist!

SCHÖN, *sich erhebend.*

Kommen wir zu Ende!

LULU.

Wie Ihnen beliebt.

SCHÖN.

Ich habe dich verheiratet. Ich habe dich zweimal verheiratet. Du lebst im Luxus. Ich habe deinem Mann eine Position geschaffen. Wenn dir das nicht genügt und er sich dazu ins Fäustchen lacht, ich trage mich nicht mit idealen Forderungen, aber – lass mich dabei aus dem Spiel!

LULU, *mit entschlossenem Ton.*

Wenn ich einem Menschen auf dieser Welt angehöre, gehöre ich Ihnen. Ohne Sie wäre ich – ich will nicht sagen, wo. Sie haben mich bei der Hand genommen, mir zu essen gegeben, mich kleiden lassen, als ich Ihnen die Uhr stehlen wollte. Glauben Sie, das vergisst sich? Jeder andere hätte den Schutzmann gerufen. Sie haben mich zur Schule geschickt und mich Lebensart lernen lassen. Wer außer Ihnen auf der ganzen Welt hat je etwas für mich übrig gehabt? Ich habe getanzt und Modell gestanden und war froh, meinen Lebensunterhalt damit verdienen zu können. Aber auf Kommando *lieben*, das kann ich nicht!

SCHÖN, *die Stimme hebend.*

Lass *mich* aus dem Spiel! Tu, was du willst. Ich

komme nicht, um Skandal zu machen. Ich komme, um mir den Skandal vom Halse zu schaffen. Meine Verbindung kostet mich Opfer genug! Ich hatte vorausgesetzt, mit einem gesunden jungen Mann, wie ihn sich eine Frau in deinem Alter nicht besser wünschen kann, würdest du dich endlich zufriedengeben. Wenn du mir verpflichtet bist, dann wirf dich mir nicht zum drittenmal in den Weg! Soll ich denn noch länger warten, bis ich mein Teil in Sicherheit bringe? Soll ich riskieren, dass mir der ganze Erfolg meiner Konzessionen nach zwei Jahren wieder ins Wasser fällt? Was hilft mir dein Verheiratetsein, wenn man dich zu jeder Stunde des Tages bei mir ein und aus gehen sieht? – Warum zum Teufel ist Dr. Goll nicht auch wenigstens ein Jahr noch am Leben geblieben! Bei dem warst du in Verwahrung. Dann hätte ich meine Frau längst unter Dach!

Lulu.

Was hätten Sie dann! Das Kind fällt Ihnen auf die Nerven. Das Kind ist zu unverdorben für Sie. Das Kind ist viel zu sorgfältig erzogen. Was sollte ich gegen Ihre Verheiratung haben! Aber Sie täuschen sich über sich selber, wenn Sie glauben, mir Ihrer bevorstehenden Verheiratung wegen Ihre Verachtung zum Ausdruck geben zu dürfen!

Schön.

Verachtung?! – Ich werde dem Kind schon die richtige Fasson geben! Wenn etwas verachtenswert ist, so sind es deine Intrigen!

Lulu, *lachend.*

Bin ich auf das Kind eifersüchtig? – Das kann mir doch gar nicht einfallen …

SCHÖN.

Wieso denn das Kind! Das Kind ist nicht einmal ein ganzes Jahr jünger als du. Lass mir meine Freiheit, zu leben, was ich noch zu leben habe! Sei das Kind erzogen, wie es will, das Kind hat gerade so wie du seine fünf Sinne …

VIERTER AUFTRITT

SCHWARZ. *Die* VORIGEN.

SCHWARZ, *einen Pinsel in der Hand, links unter der Portiere.*

Was ist denn los?

LULU, *zu Schön.*

Nun, reden Sie doch.

SCHWARZ.

Was habt ihr denn?

LULU.

Nichts, was dich betrifft …

SCHÖN, *rasch.*

Ruhig!

LULU.

Man hat mich satt.

SCHWARZ, *führt Lulu nach links ab.*

SCHÖN, *blättert in einem der Bücher, die auf dem Tisch liegen.*

Es musste zur Sprache kommen. Ich muss endlich die Hände frei haben.

SCHWARZ, *zurückkommend.*

Ist denn das eine Art zu scherzen?

SCHÖN, *auf einen Sessel deutend.*

Bitte.

SCHWARZ.

Was ist denn?

SCHÖN.

Bitte.

SCHWARZ, *sich setzend.*

Nun?

SCHÖN, *sich setzend.*

Du hast eine halbe Million geheiratet …

SCHWARZ.

Ist sie weg?

SCHÖN.

Nicht ein Pfennig.

SCHWARZ.

Erklär' mir den eigentümlichen Auftritt.

SCHÖN.

Du hast eine halbe Million geheiratet …

SCHWARZ.

Daraus kann man mir kein Verbrechen machen.

SCHÖN.

Du hast dir einen Namen geschaffen. Du kannst unbehelligt arbeiten. Du brauchst dir keinen Wunsch zu versagen …

SCHWARZ.

Was habt ihr denn beide gegen mich?

SCHÖN.

Seit sechs Monaten schwelgst du in allen Himmeln. Du hast eine Frau, um deren Vorzüge die Welt dich beneidet und die einen Mann verdient, den sie achten kann …

SCHWARZ.

Achtet sie mich nicht?

Schön.

Nein.

Schwarz, *beklommen.*

– Ich komme aus den düstren Tiefen der Gesellschaft. Sie ist von oben her. Ich hege keinen heißeren Wunsch, als ihr ebenbürtig zu werden. *Schön die Hand reichend.* Ich danke dir.

Schön, *halb verlegen seine Hand drückend.*

Bitte, bitte.

Schwarz, *mit Entschlossenheit.*

Sprich!

Schön.

Nimm sie etwas mehr unter Aufsicht.

Schwarz.

Ich – sie?

Schön.

Wir sind keine Kinder! Wir tändeln nicht. Wir leben. Sie fordert ernst genommen zu werden. Ihr Wert gibt ihr das volle Recht dazu.

Schwarz.

Was tut sie denn?

Schön.

Du hast eine halbe Million geheiratet!

Schwarz, *erhebt sich, außer sich.*

Sie …

Schön, *nimmt ihn bei der Schulter.*

Nein, das ist der Weg nicht! *Nötigt ihn, sich zu setzen.* Wir haben hier sehr ernst miteinander zu sprechen.

Schwarz.

Was tut sie?!

Schön.

Rechne dir erst genau an den Fingern nach, was du ihr zu verdanken hast, und dann …

SCHWARZ.

Was tut sie – Mensch!!

SCHÖN.

Und dann mach' dich für deine Fehler verantwortlich und nicht sonst jemand.

SCHWARZ.

Mit wem? Mit wem?

SCHÖN.

Wenn wir uns schießen sollen …

SCHWARZ.

Seit wann denn?!

SCHÖN, *ausweichend.*

Ich komme nicht hierher, um Skandal zu machen. Ich komme, um dich vor dem Skandal zu retten.

SCHWARZ, *kopfschüttelnd.*

Du hast sie missverstanden.

SCHÖN, *verlegen.*

Damit ist mir nicht gedient. Ich kann dich in deiner Blindheit nicht so weiterleben sehen. Das Mädchen verdient eine anständige Frau zu sein. Sie hat sich, seit ich sie kenne, zu ihrem Besseren entwickelt.

SCHWARZ.

Seit du sie kennst? – Seit wann kennst du sie denn?

SCHÖN.

Etwa seit ihrem zwölften Jahr.

SCHWARZ, *verwirrt.*

Davon hat sie mir nichts gesagt.

SCHÖN.

Sie verkaufte Blumen vor dem Alhambra-Café. Sie drückte sich barfuß zwischen den Gästen durch, jeden Abend zwischen zwölf und zwei.

SCHWARZ.

Davon hat sie mir nichts gesagt.

SCHÖN.

Daran hat sie recht getan! Ich sage es dir, damit du siehst, dass du es nicht mit moralischer Verworfenheit zu tun hast. Das Mädchen ist im Gegenteil außergewöhnlich gut veranlagt.

SCHWARZ.

Sie sagte, sie sei bei einer Tante aufgewachsen.

SCHÖN.

Das war die Frau, der ich sie übergab. Sie war die beste Schülerin. Die Mütter stellten sie ihren Kindern als Vorbild hin. Sie besitzt Pflichtgefühl. Es ist einzig und allein dein Versehen, wenn du bis jetzt versäumt hast, sie bei ihren besten Seiten zu nehmen.

SCHWARZ, *schluchzend.*

O Gott …!

SCHÖN, *mit Nachdruck.*

Kein »O Gott«!! An dem Glück, das du gekostet, kann nichts etwas ändern. Geschehen ist geschehen. Du überschätzest dich gegen besseres Wissen, wenn du dir einredest, zu verlieren. Es gilt zu gewinnen. Mit dem »O Gott« ist nichts gewonnen. Einen größeren Freundschaftsdienst habe ich dir noch nicht erwiesen. Ich spreche offen und biete dir meine Hilfe. Zeig' dich dessen nicht unwürdig!

SCHWARZ, *von jetzt an mehr und mehr in sich zusammenbrechend.*

Als ich sie kennen lernte, sagte sie mir, sie habe noch nie geliebt.

SCHÖN.

Wenn eine Witwe das sagt! Ihr gereicht es zur Ehre, dass sie dich zum Manne gewählt. Stelle die nämliche Anforderung an dich, und dein Glück ist makellos.

Schwarz.

Er habe sie kurze Kleider tragen lassen.

Schön.

Er hat sie doch geheiratet! – Das war ihr Meisterstreich. Wie sie den Mann dazu gebracht, ist mir unfasslich. Du musst es jetzt ja wissen. Du genießt die Früchte ihrer Diplomatie.

Schwarz.

Woher kannte Dr. Goll sie denn?

Schön.

Durch mich! – Es war nach dem Tode meiner Frau, als ich die ersten Beziehungen zu meiner gegenwärtigen Verlobten anknüpfte. Sie stellte sich dazwischen. Sie hatte sich in den Kopf gesetzt, meine Frau zu werden.

Schwarz, *wie von einer entsetzlichen Ahnung befallen.*

Und als ihr Mann dann starb?

Schön.

– Du hast eine halbe Million geheiratet!!

Schwarz, *jammernd.*

Wär' ich geblieben, wo ich war! Wär' ich Hungers gestorben!

Schön, *mit Überlegenheit.*

Glaubst du denn, ich mache keine Zugeständnisse? Wer macht keine Zugeständnisse? Du hast eine halbe Million geheiratet. Du bist heute einer der ersten Künstler. Dazu kommt man nicht ohne Geld. Du bist nicht derjenige, um über sie zu Gericht zu sitzen. Bei einer Herkunft, wie sie Mignon hat, kannst du unmöglich mit den Begriffen der bürgerlichen Gesellschaft rechnen.

Schwarz, *ganz wirr.*

Von wem sprichst du denn?

SCHÖN.

Ich spreche von ihrem Vater. Du bist Künstler, sag' ich. Deine Ideale liegen auf einem andern Gebiete als die eines Lohnarbeiters.

SCHWARZ.

Ich verstehe von alledem kein Wort.

SCHÖN.

Ich spreche von den menschenunwürdigen Verhältnissen, aus denen sich das Mädchen dank seiner Führung zu dem entwickelt hat, was sie ist!

SCHWARZ.

Wer denn?

SCHÖN.

Wer denn? – Deine Frau.

SCHWARZ.

Eva??

SCHÖN.

Ich nannte sie Mignon.

SCHWARZ.

Ich meinte, sie hieße Nelli?

SCHÖN.

So nannte sie Dr. Goll.

SCHWARZ.

Ich nannte sie Eva ...

SCHÖN.

Wie sie eigentlich hieß, weiß ich nicht.

SCHWARZ, *geistesabwesend.*

Sie weiß es vielleicht.

SCHÖN.

Bei einem Vater, wie sie ihn hat, ist sie ja bei allen Fehlern das helle Wunder. Ich verstehe dich nicht ...

SCHWARZ.

Er ist im Irrenhause gestorben ...?

SCHÖN.

Er war ja eben hier!

SCHWARZ.

Wer war da?

SCHÖN.

Ihr Vater.

SCHWARZ.

Hier bei mir?

SCHÖN.

Er drückte sich, als ich kam. Da stehen ja noch die Gläser.

SCHWARZ.

Sie sagt, er sei im Irrenhause gestorben.

SCHÖN, *ermutigend.*

Lass sie Autorität fühlen! Sie verlangt nicht mehr, als unbedingt Gehorsam leisten zu dürfen. Bei Dr. Goll war sie wie im Himmel, und mit dem war nicht zu scherzen.

SCHWARZ, *kopfschüttelnd.*

Sie sagte, sie habe noch nie geliebt …

SCHÖN.

Aber mach' mit dir selber den Anfang. Raff' dich zusammen.

SCHWARZ.

Geschworen hat sie!

SCHÖN.

Du kannst kein Pflichtgefühl fordern, bevor du nicht deine eigene Aufgabe kennst.

SCHWARZ.

Bei dem Grabe ihrer Mutter!

SCHÖN.

Sie hat ihre Mutter nicht gekannt. Geschweige das Grab. – Ihre Mutter hat gar kein Grab.

Schwarz, *verzweifelt.*

Ich passe nicht hinein in die Gesellschaft.

Schön.

Was hast du?

Schwarz.

Einen grauenhaften Schmerz.

Schön, *erhebt sich, tritt zurück, nach einer Pause.*

Wahr' sie dir, weil sie dein ist. – Der Moment ist entscheidend. Sie kann morgen für dich verloren sein.

Schwarz, *auf die Brust deutend.*

Hier, hier.

Schön.

Du hast eine halbe ... *sich besinnend.* Sie ist dir verloren, wenn du den Augenblick versäumst!

Schwarz.

Wenn ich weinen könnte! – Oh, wenn ich schreien könnte!

Schön, *legt ihm die Hand auf die Schulter.*

Dir ist elend ...

Schwarz, *sich erhebend, anscheinend ruhig.*

Du hast recht, ganz recht.

Schön, *seine Hand ergreifend.*

Wo willst du hin?

Schwarz.

Mit ihr sprechen.

Schön.

Recht so. *Begleitet ihn zur Türe rechts.*

Fünfter Auftritt

Schön. *Gleich darauf* Lulu.

Schön, *zurückkommend.*

Das war ein Stück Arbeit. *Nach einer Pause, nach links sehend.* Er hatte sie doch vorher ins Atelier gebracht ...? *Fürchterliches Stöhnen von rechts.*

Schön, *eilt an die Tür rechts, findet sie verschlossen.*

Mach' auf! Mach' auf!

Lulu, *links aus der Portiere tretend.*

Was ist ...

Schön.

Mach' auf!

Lulu, *kommt die Stufen herab.*

Das ist grauenvoll.

Schön.

Hast du kein Beil in der Küche?

Lulu.

Er wird schon aufmachen ...

Schön.

Ich mag sie nicht eintreten.

Lulu.

Wenn er sich ausgeweint hat.

Schön, *gegen die Tür stampfend.*

Mach' auf! *Zu Lulu.* Hol' mir ein Beil.

Lulu.

Zum Arzt schicken ...

Schön.

Du bist nicht bei Trost.

Lulu.

Das geschieht Ihnen recht. *Es läutet auf dem Korridor. Schön und Lulu starren einander an.*

Schön, *schleicht nach hinten, bleibt in der Tür stehen.*

Ich darf mich jetzt hier nicht sehen lassen.

Lulu.

Vielleicht der Kunsthändler. *Es läutet.*

Schön.

Aber wenn wir nicht antworten …

Lulu, *schleicht nach der Tür.*

Schön, *hält sie auf.*

Bleib. Man ist sonst auch nicht immer gleich bei der Hand. *Geht auf den Fußspitzen hinaus.*

Lulu, *kehrt zu der verschlossenen Tür zurück und horcht.*

Sechster Auftritt

Alwa Schön. *Die* Vorigen. *Später* Henriette.

Schön, *Alwa hereinführend.*

Sei bitte ruhig.

Alwa, *sehr aufgeregt.*

In Paris ist Revolution ausgebrochen.

Schön.

Sei ruhig.

Alwa, *zu Lulu.*

Sie sind totenbleich.

Schön, *an der Tür rüttelnd.*

Walter! – Walter! *Man hört röcheln.*

Lulu.

Gott, erbarm’ dich …

Schön.

Hast du kein Beil geholt?

Lulu.

Wenn eines da ist … *Zögernd nach rechts hinten ab.*

ALWA.

Er mystifiziert uns.

SCHÖN.

In Paris ist Revolution ausgebrochen?

ALWA.

Auf der Redaktion rennen sie sich den Kopf gegen die Wand. Keiner weiß, was er schreiben soll. *Es läutet auf dem Korridor.*

SCHÖN, *gegen die Tür stampfend.*

Walter!

ALWA.

Soll ich sie einrennen?

SCHÖN.

Das kann ich auch. Wer da noch kommen mag! *Sich emporrichtend.* Das freut sich des Lebens und lässt es andere verantworten!

LULU, *kommt mit einem Küchenbeil zurück.*

Henriette ist nach Hause gekommen.

SCHÖN.

Schließ die Tür hinter dir.

ALWA.

Geben Sie her. *Nimmt das Beil und stößt es zwischen Pfosten und Türschloss.*

SCHÖN.

Du musst es kräftiger fassen.

ALWA.

Es kracht schon. *Die Tür springt aus dem Schloss. Er lässt das Beil fallen und taumelt zurück. – – Pause.*

LULU, *auf die Tür deutend, zu Schön.*

Nach Ihnen.

SCHÖN, *weicht zurück.*

LULU.

Ihnen wird – schwindelig …?

Schön, *wischt sich den Schweiß von der Stirn und tritt ein.*

Alwa, *auf der Chaiselongue.*

Grässlich!

Lulu, *sich am Türpfosten haltend, die Finger zum Mund erhoben, schreit jäh auf.*

Oh! – Oh! *Eilt zu Alwa.* Ich kann nicht hier bleiben.

Alwa.

Grauenhaft!

Lulu, *ihn bei der Hand nehmend.*

Kommen Sie.

Alwa.

Wohin?

Lulu.

Ich kann nicht allein sein. *Mit Alwa nach links ab.*

Schön, *kommt von rechts zurück, ein Schlüsselbund in der Hand; die Hand zeigt Blut; zieht die Tür hinter sich zu, geht zum Schreibtisch, schließt auf und schreibt zwei Billetts.*

Alwa, *von links kommend.*

Sie zieht sich um.

Schön.

Sie ist fort?

Alwa.

Auf ihr Zimmer. Sie zieht sich um.

Schön, *klingelt.*

Henriette, *tritt ein.*

Schön.

Sie wissen, wo der Doktor Bernstein wohnt.

Henriette.

Gewiss, Herr Doktor. Gleich nebenan.

Schön, *ihr ein Billett gebend.*

Bringen Sie das hinüber.

Henriette.

Im Falle, dass der Herr Doktor nicht zu Hause ist?

Schön.

Er ist zu Hause. *Ihr das andere Billett gebend.* Und das bringen Sie auf die Polizeidirektion. Nehmen Sie eine Droschke.

Henriette, *ab.*

Schön.

Ich bin gerichtet.

Alwa.

Mir erstarrt das Blut.

Schön, *nach rechts.*

Der Narr!

Alwa.

Es ist ihm wohl ein Licht aufgegangen?

Schön.

Er hat sich zuviel mit sich selbst beschäftigt.

Lulu, *auf den Stufen links in Staubmantel und Spitzenhut.*

Alwa.

Wo wollen Sie denn jetzt hin?

Lulu.

Hinaus. Ich sehe es an allen Wänden.

Schön.

Wo hat er seine Papiere?

Lulu.

Im Schreibtisch.

Schön, *am Schreibtisch.*

Wo?

Lulu.

Rechts unten. *Kniet vor dem Schreibtisch nieder, öffnet eine Schublade und leert die Papiere auf den Boden.* Hier. Es ist nichts zu fürchten. Er hatte keine Geheimnisse.

SCHÖN.

Jetzt kann ich mich von der Welt zurückziehen.

LULU, *kniend.*

Schreiben Sie ein Feuilleton. Nennen Sie ihn Michel Angelo.

SCHÖN.

Was hilft das – *nach rechts deutend.* Da liegt meine Verlobung!

ALWA.

Das ist der Fluch deines Spiels!

SCHÖN.

Schrei es durch die Straßen!!

ALWA, *auf Lulu deutend.*

Hättest du, als meine Mutter starb, an dem Mädchen gehandelt, wie es recht und billig gewesen wäre!

SCHÖN, *nach rechts.*

Da verblutet meine Verlobung!

LULU, *sich erhebend.*

Ich bleibe nicht länger hier.

SCHÖN.

In einer Stunde verkauft man die Extrablätter. Ich darf mich nicht auf die Straße wagen.

LULU.

Was können denn Sie dafür?

SCHÖN.

Deshalb gerade! Mich steinigt man dafür!

ALWA.

Du musst verreisen.

SCHÖN.

Um dem Skandal freies Feld zu lassen!

LULU, *an der Chaiselongue.*

Vor zehn Minuten noch lag er hier.

Schön.

Das ist der Dank, für das, was ich für ihn getan habe! Wirft mir in einer Sekunde mein ganzes Leben in Trümmer!

Alwa.

Mäßige dich, bitte!

Lulu, *auf der Chaiselongue.*

Wir sind unter uns.

Alwa.

Und wie!

Schön, *zu Lulu.*

Was willst du der Polizei sagen?

Lulu.

Nichts.

Alwa.

Er wollte seinem Geschick nichts schuldig bleiben.

Lulu.

Er hatte immer gleich Mordgedanken.

Schön.

Er hatte, was sich ein Mensch nur erträumen kann!

Lulu.

Er hat es teuer bezahlt.

Alwa.

Er hatte, was wir nicht haben!

Schön, *jäh aufbrausend.*

Ich kenne keine Gründe. Ich habe nicht Ursache, Rücksicht auf dich zu nehmen! Wenn du alles in Bewegung setzt, um keine Geschwister neben dir zu haben, so ist das für mich ein Grund mehr, mir andere Kinder zu erziehen.

Alwa.

Du bist ein schlechter Menschenkenner.

LULU.

Geben Sie doch selber ein Extrablatt aus.

SCHÖN, *im Ton der heftigsten Empörung.*

Er hatte kein moralisches Gewissen! *Indem er plötzlich seine Fassung wiedergewinnt.* Paris revolutioniert –?

ALWA.

Unsere Redakteure sind wie vom Schlag getroffen. Alles stockt.

SCHÖN.

Das muss mir darüber hinweghelfen! – – Wenn nun nur die Polizei käme! Die Minuten sind nicht mit Gold zu bezahlen. *Es läutet auf dem Korridor.*

ALWA.

Da sind sie ...

SCHÖN, *will zur Tür.*

LULU, *aufspringend.*

Warten Sie, Sie haben Blut.

SCHÖN.

Wo ...?

LULU.

Warten Sie, ich wische es weg. *Besprengt ihr Taschentuch mit Heliotrop und wischt.* Schön das Blut von der Hand.

SCHÖN.

Es ist deines Gatten Blut.

LULU.

Es lässt keine Flecken.

SCHÖN.

Ungeheuer!

LULU.

Sie heiraten mich ja doch. *Es läutet auf dem Korridor.*

Lulu.

Nur Geduld, Kinder.

Schön, *rechts hinten ab.*

Siebenter Auftritt

Escherich. *Die* Vorigen.

Escherich, *von Schön hereingeleitet, atemlos.*

Erlauben Sie, dass ich – dass ich mich Ihnen – Ihnen vorstelle …

Schön.

Sie sind gelaufen?

Escherich, *seine Karte überreichend.*

Von der Polizeidirektion her. Ein Selbstmord, hör' ich.

Schön, *liest.*

Fritz Escherich, Korrespondent der Kleinen Neuigkeiten. – Kommen Sie.

Escherich.

Einen Moment. *Nimmt Notizbuch und Bleistift vor, sieht sich im Salon um, schreibt einige Worte, verbeugt sich gegen Lulu, schreibt, wendet sich zu der erbrochenen Tür, schreibt.* Ein Küchenbeil … Will es aufheben.

Schön, *ihn zurückhaltend.*

Bitte.

Escherich, *schreibt.*

Tür aufgebrochen mit Küchenbeil. *Untersucht das Schloss.*

Schön, *die Hand an der Tür.*

Sehen Sie sich vor, mein Lieber.

ESCHERICH.

Wenn Sie jetzt die Liebenswürdigkeit haben wollen, die Tür zu öffnen.

SCHÖN, *öffnet die Tür.*

ESCHERICH, *lässt Buch und Bleistift fallen, fährt sich in die Haare.*

O du barmherziger Himmel noch mal ...

SCHÖN.

Sehen Sie sich alles genau an!

ESCHERICH.

Ich kann nicht hinsehen.

SCHÖN, *ihn höhnisch anschnauzend.*

Wozu sind Sie denn hergekommen!

ESCHERICH.

Sich mit dem – Ra – Rasiermesser – den Ha – Hals abschneiden ...

SCHÖN.

Haben Sie alles gesehen?

ESCHERICH.

Das muss ein Gefühl sein!

SCHÖN, *zieht die Tür zu, tritt zum Schreibtisch.*

Setzen Sie sich. Hier ist Papier und Feder. Schreiben Sie.

ESCHERICH, *der mechanisch Platz genommen.*

Ich kann nicht schreiben ...

SCHÖN, *hinter seinem Stuhl stehend.*

Schreiben Sie! – Verfolgungswahn ...

ESCHERICH, *schreibt.*

Ver-fol-gungs-wahn ... *Es läutet auf dem Korridor.*

Dritter Aufzug

Garderobe im Theater, mit rotem Tuch ausgeschlagen. Links hinten die Tür. Rechts hinten eine spanische Wand. In der Mitte, mit der Schmalseite gegen den Zuschauer, ein langer Tisch, auf dem Tanzkostüme liegen. Rechts und links vom Tisch je ein Sessel. Links vorn Tischchen mit Sessel. Rechts vorn ein hoher Spiegel, daneben ein hoher, sehr breiter, altmodischer Armsessel. Vor dem Spiegel ein Puff, Schminkschatulle usw. usw.

Erster Auftritt

Lulu. Alwa, *gleich darauf* Schön.

Alwa, *links vorn, füllt zwei Gläser mit Champagner und Rotwein.*

Seit ich für die Bühne arbeite, habe ich kein Publikum so außer Rand und Band gesehen.

Lulu, *unsichtbar, hinter der spanischen Wand.*

Geben Sie mir nicht zuviel Rotwein. – Sieht er mich heute?

Alwa.

Mein Vater?

Lulu.

Ja.

Alwa.

Ich weiß nicht, ob er im Theater ist.

Lulu.

Er will mich wohl gar nicht sehen.

Alwa.

Er hat so wenig Zeit.

Lulu.

Seine Braut nimmt ihn in Anspruch.

Alwa.

Spekulationen. Er gönnt sich keine Ruhe. – *Da Schön eintritt.* Du? Eben sprechen wir von dir.

Lulu.

Ist er da?

Schön.

Du ziehst dich um?

Lulu, *über die spanische Wand wegsehend, zu Schön.*

Sie schreiben in allen Zeitungen, ich sei die geistvollste Tänzerin, die je die Bühne betreten, ich sei eine zweite Taglioni und was weiß ich, und Sie finden mich nicht einmal geistvoll genug, um sich davon zu überzeugen!

Schön.

Ich habe so viel zu schreiben. Du siehst, dass ich recht hatte. Es waren kaum mehr Plätze zu haben. – Du musst dich etwas mehr im Proszenium halten!

Lulu.

Ich muss mich erst an das Licht gewöhnen.

Alwa.

Sie hat sich strikte an ihre Rolle gehalten.

Schön, *zu Alwa.*

Du musst deine Darsteller besser ausnutzen! Du verstehst dich noch nicht genug auf die Technik. *Zu Lulu.* Als was kommst du jetzt?

Lulu.

Als Blumenmädchen …

Schön, *zu Alwa.*

In Trikots?

Alwa.

Nein. In fußfreiem Kleid.

Schön.

Du hättest dich lieber nicht mit dem Symbolismus einlassen sollen!

Alwa.

Ich sehe der Tänzerin auf die Füße.

Schön.

Es kommt darauf an, worauf das Publikum sieht! Eine Erscheinung wie sie hat deine symbolistischen Hanswurstiaden gottlob nicht nötig.

Alwa.

Das Publikum sieht nicht danach aus, als ob es sich langweilte!

Schön.

Natürlich! Weil ich in der Presse seit sechs Monaten auf ihren Erfolg hingearbeitet habe. – War der Prinz hier?

Alwa.

Es war niemand hier.

Schön.

Wer wird eine Tänzerin zwei Akte hindurch in Regenmänteln auftreten lassen!

Alwa.

Wer ist denn der Prinz?

Schön.

Wir sehen uns noch?

Alwa.

Bist du allein?

Schön.

Mit Bekannten. – Bei Peters?

Alwa.

Um zwölf?

Schön.

Um zwölf. *Ab.*

Lulu.

Ich hatte schon daran verzweifelt, dass er je kommen werde!

Alwa.

Lassen Sie sich durch seine griesgrämigen Nörgeleien nicht beirren. Wenn Sie nur ja darauf achten wollen, dass Sie Ihre Kräfte nicht vor Beginn der letzten Nummer vergeuden.

Lulu, *tritt hinter der spanischen Wand vor in antikem, fußfreiem, ärmellosem weißem Kleid mit rotem Saum, einen bunten Kranz im Haar, einen Korb voll Blumen in den Händen.*

Lulu.

Er scheint es gar nicht gemerkt zu haben, wie geschickt Sie Ihre Darsteller ausnutzen!

Alwa.

Ich werde doch im ersten Akt nicht Sonne, Mond und Sterne verpaffen.

Lulu, *das Glas an den Lippen.*

Sie enthüllen mich gradatim.

Alwa.

Ich wusste doch, dass Sie sich darauf verstehen, Kostüme zu wechseln.

Lulu.

Hätte ich meine Blumen so vor dem Alhambra-Café verkaufen wollen, man hätte mich schon gleich in der ersten Nacht hinter Schloss und Riegel gesetzt.

ALWA.

Warum denn?! Sie waren ein Kind!

LULU.

Wissen Sie noch, wie ich zum erstenmal in Ihr Zimmer trat?

ALWA, *nickt.*

Sie trugen ein dunkelblaues Kleid mit schwarzem Samt.

LULU.

Man musste mich verstecken und wusste nicht, wo.

ALWA.

Meine Mutter lag damals schon seit zwei Jahren auf dem Krankenbett …

LULU.

Sie spielten Theater und fragten mich, ob ich mitspielen wolle.

ALWA.

Gewiss! Wir spielten Theater!

LULU.

Ich sehe Sie noch, wie Sie die Figuren hin und her schoben.

ALWA.

Es war mir noch lange die entsetzlichste Erinnerung, wie ich mit einemmal klar in die Verhältnisse sah.

LULU.

Da wurden Sie eisig gemessen gegen mich.

ALWA.

Ach Gott – ich sah etwas so unendlich hoch über mir Stehendes in Ihnen. Ich hegte vielleicht eine höhere Verehrung für Sie als für meine Mutter. Denken Sie, als meine Mutter starb – ich war siebzehn Jahre alt –, da trat ich vor meinen Vater und forderte ihn auf, dass er Sie augenblicklich zu seiner Frau mache, sonst müssten wir uns duellieren.

Lulu.

Das hat er mir damals erzählt.

Alwa.

Seit ich älter bin, kann ich ihn nur noch bemitleiden. Er wird mich nie begreifen. Da phantasiert er sich eine kleine Diplomatie zusammen, die mich dazu bestimmen soll, seiner Verheiratung mit der Komtesse entgegenzuarbeiten.

Lulu.

Blickt sie denn immer noch so unschuldig in die Welt hinaus?

Alwa.

Sie liebt ihn; das ist meine Überzeugung. Ihre Familie hat alles in Bewegung gesetzt, um sie zum Rücktritt zu veranlassen. Ich glaube nicht, dass ihr ein Opfer auf dieser Welt zu groß wäre um seinetwillen.

Lulu, *hält ihm ihr Glas hin.*

Noch etwas, bitte.

Alwa, *ihr einschenkend.*

Sie trinken zuviel.

Lulu.

Er soll an meinen Erfolg glauben lernen! Er glaubt an keine Kunst. Er glaubt nur an Zeitungen.

Alwa.

Er glaubt an nichts.

Lulu.

Er hat mich ans Theater gebracht, damit sich eventuell jemand findet, der reich genug ist, um mich zu heiraten.

Alwa.

Nun ja! Was braucht uns das zu kümmern!

Lulu.

Mich soll es freuen, wenn ich mich in das Herz eines Millionärs hineintanzen kann.

Alwa.

Gott verhüte, dass man Sie uns entführt!

Lulu.

Sie haben doch die Musik dazu komponiert.

Alwa.

Sie wissen, dass es immer mein Wunsch war, ein Stück für Sie zu schreiben.

Lulu.

Ich bin aber gar nicht für die Bühne geschaffen.

Alwa.

Sie sind als Tänzerin auf die Welt gekommen.

Lulu.

Warum schreiben Sie Ihre Stücke denn nicht wenigstens so interessant, wie das Leben ist?

Alwa.

Weil uns das kein Mensch glauben würde.

Lulu.

Wenn ich mich nicht besser aufs Theaterspielen verstände, als man auf der Bühne spielt, was hätte aus mir werden wollen?

Alwa.

Ich habe Ihre Rolle doch mit allen erdenklichen Unmöglichkeiten ausgestattet.

Lulu.

Mit solchem Hokuspokus lockt man in der Wirklichkeit noch keinen Hund vom Ofen.

Alwa.

Mir ist es genug, dass sich das Publikum in die wahnsinnigste Aufregung versetzt sieht.

LULU.

Ich möchte mich aber gern selbst in die wahnsinnigste Aufregung versetzt sehen! *Trinkt.*

ALWA.

Dazu scheint Ihnen auch nicht viel mehr zu fehlen.

LULU.

Wie können Sie sich darüber wundern, da mein Auftreten doch einen höheren Zweck hat! Es gehen schon einige da unten ganz ernstlich mit sich zu Rate. – Ich fühle das, ohne dass ich hinsehe.

ALWA.

Wie fühlen Sie denn das?

LULU.

Keiner ahnt was vom andern. Jeder meint, er sei allein das unglückliche Opfer.

ALWA.

Wie können Sie denn das fühlen?

LULU.

Es läuft einem so ein eisiger Schauer am Körper herauf.

ALWA.

Sie sind unglaublich ... *Eine elektrische Klingel tönt über der Tür.*

LULU.

Mein Tuch ... Ich werde mich im Proszenium halten!

ALWA, *ihr einen breiten Schal über die Schultern legend.*

Hier ist Ihr Tuch.

LULU.

Er soll nichts mehr für seine schamlose Reklame zu fürchten haben.

ALWA.

Wahren Sie Ihre Selbstbeherrschung!

Lulu.

Gebe Gott, dass ich einem den letzten Funken Verstand zum Kopf hinaustanze. *Ab.*

Zweiter Auftritt

Alwa, *allein.*

Über die ließe sich freilich ein interessanteres Stück schreiben. *Setzt sich links, nimmt sein Notizbuch vor und notiert. Aufblickend.* Erster Akt: Dr. Goll. Schon faul! Ich kann den Dr. Goll aus dem Fegefeuer zitieren, oder wo er seine Orgien büßt, man wird mich für seine Sünden verantwortlich machen. – *Langanhaltendes, stark gedämpftes Klatschen und Bravorufen wird von außen hörbar* – Das tobt wie in der Menagerie, wenn das Futter vor dem Käfig erscheint. – Zweiter Akt: Walter Schwarz. Noch unmöglicher! Wie die Seelen die letzte Hülle abstreifen im Licht solcher Blitzschläge! – Dritter Akt? – Sollte es wirklich so fortgehen?! – *Die Garderobiere öffnet von außen und lässt Escerny eintreten.*

Dritter Auftritt

Escerny. Alwa.

Escerny, *tut, als ob er zu Haus wäre, und nimmt, ohne Alwa zu beachten, rechts neben dem Spiegel Platz.*

Alwa, *links sitzend, ohne auf Escerny zu achten.*

Es kann im dritten Akt nicht so fortgehen!

Escerny.

Bis zur Mitte des dritten Aktes schien es heute nicht so gut zu gehen wie sonst.

Alwa.

Ich war nicht auf der Bühne.

Escerny.

Jetzt ist sie wieder in vollem Zug.

Alwa.

Sie zieht die Nummer in die Länge.

Escerny.

Ich hatte bei Herrn Dr. Schön einmal das Vergnügen, der Künstlerin zu begegnen.

Alwa.

Mein Vater hat sie durch einige Besprechungen in seiner Zeitung beim Publikum eingeführt.

Escerny, *sich leicht verneigend.*

Ich konferierte mit Herrn Dr. Schön der Herausgabe meiner Forschungen am Tanganjika-See wegen.

Alwa, *sich leicht verneigend.*

Seine Äußerungen lassen keinen Zweifel darüber, dass er das lebhafteste Interesse an ihrem Werk nimmt.

Escerny.

Wohltuend berührt es an der Künstlerin, dass das Publikum für sie gar nicht vorhanden ist.

Alwa.

Das Sichumkleiden hat sie schon als Kind gelernt. Aber ich war überrascht, eine so bedeutende Tänzerin in ihr zu entdecken.

Escerny.

Wenn sie ihr Solo tanzt, berauscht sie sich an ihrer eigenen Schönheit – in die sie selber zum Sterben verliebt zu sein scheint.

ALWA.

Da kommt sie. *Erhebt sich, öffnet die Tür.*

VIERTER AUFTRITT

LULU. *Die* VORIGEN.

LULU, *ohne Kranz und Blumenkorb, zu Alwa.*

Sie werden herausgerufen. Ich war dreimal vor dem Vorhang. *Zu Escerny.* Herr Dr. Schön ist nicht in Ihrer Loge?

ESCERNY.

In meiner Loge nicht.

ALWA, *zu Lulu* .

Haben Sie ihn nicht gesehen?

LULU.

Er wird wieder fort sein.

ESCERNY.

Er hat die letzte Parkettloge links.

LULU.

Er scheint sich meiner zu schämen!

ALWA.

Er hat keinen guten Platz mehr bekommen.

LULU, *zu Alwa.*

Fragen Sie ihn doch, ob ich ihm jetzt besser gefallen habe.

ALWA.

Ich werde ihn heraufschicken.

ESCERNY.

Er hat applaudiert.

LULU.

Hat er das wirklich?

ALWA.

Gönnen Sie sich etwas Ruhe. *Ab.*

FÜNFTER AUFTRITT

LULU. ESCERNY.

LULU.

Ich muss mich ja wieder umziehen.

ESCERNY.

Aber Ihre Garderobiere ist ja nicht hier?

LULU.

Ich kann das rascher allein. Wo sagten Sie, dass Dr. Schön sitzt?

ESCERNY.

Ich sah ihn in der hintersten Parkettloge links.

LULU.

Jetzt habe ich noch fünf Kostüme vor mir: Dancinggirl, Ballerina, Königin der Nacht, Ariel und Lascaris ... *Tritt hinter die spanische Wand zurück.*

ESCERNY.

Würden Sie es für möglich halten, dass ich bei unserem ersten Renkontre nicht anders gewärtig war, als mit einer jungen Dame aus der literarischen Welt bekannt zu werden? – – – *Setzt sich rechts neben den Mitteltisch, wo er bis zum Schluss der Szene sitzen bleibt.* Sollte ich mich in der Beurteilung Ihrer Natur irren, oder habe ich das Lächeln, das die dröhnenden Beifallsstürme auf Ihren Lippen hervorrufen, richtig gedeutet? – –: dass Sie unter der Notwendigkeit, Ihre Kunst vor Leuten von zweifelhaften Interessen entwürdigen zu müssen, innerlich leiden? – – – *Da Lulu nicht antwortet* – dass Sie den Schimmer der Öffentlichkeit jeden Augenblick für ein ruhiges, sonniges Glück in vornehmer Abgeschlossenheit *eintauschen würden?* – Da Lulu nicht antwortet – dass Sie Hoheit und Würde genug in sich fühlen, einen Mann zu Ihren Füßen zu fesseln – um sich an seiner vollkommenen Hilflosigkeit zu erfreuen? – – – *Da Lulu nicht antwortet* – dass Sie sich an einem würdigeren Platz als hier in einer mit reichlichem Komfort ausgestatteten Villa fühlen würden – bei unbegrenzten Mitteln – um durchaus als Ihre *eigene Herrin* zu leben?

LULU, *in kurzem hellem Plisseeunterrock und weißem Atlaskorsett, schwarzen Schuhen und Strümpfen, Schellensporen unter den Absätzen, tritt hinter der spanischen Wand vor, mit dem Schnüren ihres Korsetts beschäftigt.*

Wenn ich nur einen Abend mal nicht auftrete, dann träume ich die ganze Nacht hindurch, dass ich tanze, und fühle mich am folgenden Tag wie gerädert …

ESCERNY.

Aber was könnte es Ihnen dabei ausmachen, statt dieses Pöbels nur einen Zuschauer, einen Auserwählten, vor sich zu sehen?

LULU.

Das könnte mir gleichgültig sein. Ich sehe ja doch niemanden.

ESCERNY.

Ein erleuchteter Gartensaal – das Plätschern vorn See herauf … Ich bin auf meinen Forschungsreisen nämlich zur Ausübung eines ganz unmenschlichen Despotismus gezwungen …

Lulu, *vor dem Spiegel, sich eine Perlenkette um den Hals legend.*

Eine gute Schule!

Escerny.

Wenn ich mich jetzt danach sehne, mich ohne irgendwelchen Vorbehalt der Gewalt einer Frau zu überliefern, so ist das ein natürliches Bedürfnis nach Abspannung … Können Sie sich ein höheres Lebensglück für eine Frau denken, als einen Mann vollkommen in ihrer Gewalt zu haben?

Lulu, *mit den Absätzen klirrend.*

O ja!

Escerny, *verwirrt.*

Unter gebildeten Menschen finden Sie nicht einen, der Ihnen gegenüber nicht den Kopf verliert.

Lulu.

Ihre Wünsche erfüllt Ihnen aber niemand, ohne Sie dabei zu hintergehen.

Escerny.

Von einem Mädchen wie Sie betrogen zu werden, muss noch zehnmal beglückender sein, als von jemand anders aufrichtig geliebt zu werden.

Lulu.

Sie sind in Ihrem Leben noch von keinem Mädchen aufrichtig geliebt worden! *Sich rücklings gegen ihn stellend, auf ihr Korsett deutend.* Würden Sie mir den Knoten auflösen. Ich habe mich zu fest geschnürt. Ich bin immer so aufgeregt beim Ankleiden.

Escerny, *nach wiederholtem Versuch.*

Ich bedaure; ich kann es nicht.

Lulu.

Dann lassen Sie. Vielleicht kann ich es. *Geht nach rechts.*

Escerny.

Ich gestehe ein, dass es mir an Geschicklichkeit gebricht. Ich war vielleicht im Verkehr mit Frauen nicht gelehrig genug.

Lulu.

Dazu haben Sie in Afrika wohl auch nicht viel Gelegenheit?

Escerny, *ernst.*

Lassen Sie mich Ihnen offen gestehen, dass mir meine Vereinsamung in der Welt manche Stunde verbittert.

Lulu.

Gleich ist der Knoten auf ...

Escerny.

Was mich zu Ihnen hinzieht, ist nicht Ihr Tanz. Es ist Ihre körperliche und seelische Vornehmheit, wie sie sich in jeder Ihrer Bewegungen offenbart. Wer sich so sehr wie ich für Kunstwerke interessiert, kann sich darin nicht täuschen. Ich habe während zehn Abenden Ihr Seelenleben aus Ihrem Tanze studiert, bis ich heute, als Sie als Blumenmädchen auftraten, vollkommen mit mir ins klare kam. Sie sind eine großangelegte Natur – uneigennützig. Sie können niemanden leiden sehen. Sie sind das verkörperte Lebensglück. Als Gattin werden Sie einen Mann über alles glücklich machen ... Ihr ganzes Wesen ist Offenherzigkeit. – Sie wären eine schlechte Schauspielerin ... *Die elektrische Klingel tönt über der Tür.*

Lulu, *hat die Schnüre ihres Korsetts etwas gelockert, holt tief Atem, mit den Absätzen klirrend.*

Jetzt kann ich wieder atmen. *Der Vorhang geht auf. Sie nimmt vom Mitteltisch ein Skirtdancekostüm –*

Plissee, hellgelbe Seide, ohne Taille, am Hals geschlossen, bis zu den Knöcheln reichend, weite Blusenärmel – und wirft es sich über. Ich muss tanzen.

ESCERNY, *erhebt sich und küsst ihr die Hand.*

Erlauben Sie mir, noch ein wenig hierzubleiben.

LULU.

Bitte, bleiben Sie.

ESCERNY.

Ich bedarf etwas der Einsamkeit. *Lulu ab.*

SECHSTER AUFTRITT

ESCERNY, *allein.*

Was ist Noblesse? – Ist es Verschrobenheit, wie bei mir? – Oder ist es leibliche und geistige Vervollkommnung, wie bei diesem Mädchen? – *Klatschen und Bravorufen wird hörbar.* Wer mir den Glauben an die Menschen zurückgibt, gibt mir mein Leben zurück. – Sollten Kinder dieser Frau nicht fürstlicher sein an Leib und Seele als Kinder, deren Mutter nicht mehr Lebensfähigkeit in sich hat, als ich bis heute in mir fühlte? *Er setzt sich links vorn, schwärmerisch.* Der Tanz hat ihren Körper geadelt …

SIEBENTER AUFTRITT

ALWA. ESCERNY.

ALWA.

Man ist keinen Moment sicher, dass nicht ein armseliger Zufall der Vorstellung den Garaus macht! *Er wirft sich rechts neben dem Spiegel in den Armsessel, so dass die beiden Herren gerade umgekehrt wie vorher plaziert sind. Beide führen die Unterhaltung etwas blasiert und apathisch.*

ESCERNY.

So dankbar hat sich das Publikum aber noch nie gezeigt.

ALWA.

Sie hat den Skirtdance beendet.

ESCERNY.

Ich höre sie kommen ...

ALWA.

Sie kommt nicht. – Sie hat keine Zeit. – Sie wechselt das Kostüm hinter der Kulisse.

ESCERNY.

Sie hat zwei Ballerinakostüme, wenn ich nicht irre?

ALWA.

Ich finde, dass ihr das weiße besser steht als das in Rosa.

ESCERNY.

Finden Sie?

ALWA.

Sie nicht?

ESCERNY.

Ich finde, sie sieht in dem weißen Tüll zu körperlos aus.

Alwa.

Ich finde, sie sieht in dem Rosatüll zu animalisch aus.

Escerny.

Ich finde das nicht.

Alwa.

Der weiße Tüll bringt mehr das Kindliche ihrer Natur zum Ausdruck!

Escerny.

Der Rosatüll bringt mehr das Weibliche ihrer Natur zum Ausdruck! *Die elektrische Klingel tönt über der Tür.*

Alwa *aufspringend Um Gottes willen, was ist da los!*

Escerny, *sich gleichfalls erhebend.*

Was ist mit Ihnen? *Die elektrische Klingel tönt fort bis zum Schlusse der Szene.*

Alwa.

Da ist was passiert …

Escerny.

Wie können Sie gleich so erschrecken?

Alwa.

Das muss eine höllische Verwirrung sein. *Ab. Escerny folgt ihm. Die Tür bleibt offen. Man hört gedämpfte Walzerklänge. Pause.*

Achter Auftritt

Lulu, *in langem Theatermantel, tritt ein und zieht die Tür hinter sich zu. Sie trägt ein rosa Ballettkostüm mit Blumengirlanden, geht quer über die Bühne und nimmt in dem Armsessel neben dem Spiegel Platz. Pause*

Neunter Auftritt

Alwa. Lulu. – *Gleich darauf* Schön.

Alwa.
Sie hatten einen Ohnmachtsanfall?

Lulu.
Ich bitte Sie, schließen Sie zu.

Alwa.
Kommen Sie wenigstens auf die Bühne.

Lulu.
Haben Sie ihn gesehen?

Alwa.
Wen gesehen?

Lulu.
Mit seiner Braut??

Alwa.
Mit seiner ... *zu Schön, der eintritt.* Den Scherz hättest du dir sparen können!

Schön.
Was ist mit ihr? *Zu Lulu.* Wie kannst du die Szene gegen mich ausspielen!!

Lulu.
Ich fühle mich wie geprügelt.

Schön, *nachdem er die Tür verriegelt.*
Du wirst tanzen – so wahr ich mir die Verantwortung für dich aufgeladen!

Lulu.
Vor Ihrer Braut?

Schön.
Hast du ein Recht, dich darum zu kümmern, vor wem? Du bist hier engagiert. Du erhältst deine Gage ...

Lulu.

Ist das Ihre Sache?

Schön.

Du tanzt vor jedem, der sein Billett löst. Mit wem ich in meiner Loge sitze, hat keine Beziehung zu deiner Tätigkeit!

Alwa.

Wärest du in deiner Loge sitzen geblieben! *Zu Lulu.* Sagen Sie mir bitte, was ich tun soll. *Von außen wird gepocht.* Da ist der Direktor. *Ruft.* Gleich, gleich. Einen Augenblick. *Zu Lulu.* Sie werden uns nicht zwingen wollen, die Vorstellung abzubrechen!

Schön, *zu Lulu.*

Auf die Bühne mit dir!

Lulu.

Lassen Sie mir nur einen Augenblick. Ich kann jetzt nicht. Mir ist sterbenselend.

Alwa.

Hol' der Henker den ganzen Kulissenkram!

Lulu.

Schalten Sie die nächste Nummer ein. Das merkt kein Mensch, ob ich jetzt tanze oder in fünf Minuten. Ich habe keine Kraft in den Füßen.

Alwa.

Aber dann tanzen Sie?

Lulu.

So gut ich kann …

Alwa.

So schlecht Sie wollen. *Da von außen gepocht wird.* Ich komme. *Ab.*

Zehnter Auftritt

Schön. Lulu.

Lulu.

Sie haben recht, dass Sie mir zeigen, wo ich hingehöre. Das konnten Sie nicht besser, als wenn Sie mich vor Ihrer Braut den Skirtdance tanzen lassen … Sie tun mir den größten Gefallen, wenn Sie mich darauf hinweisen, was meine Stellung ist.

Schön, *höhnisch.*

Bei deiner Herkunft ist es ein Glück sondergleichen für dich, dass du noch Gelegenheit hast, vor anständigen Leuten aufzutreten!

Lulu.

Auch wenn Sie über meine Schamlosigkeit nicht wissen, wohin sehen.

Schön.

Albernes Geschwätz! – Schamlosigkeit? – Mach' aus der Tugend keine Not! – Deine Schamlosigkeit ist das, was man dir für jeden Schritt mit Gold aufwiegt. Der eine schreit Bravo, der andere schreit Pfui – das heißt für dich das gleiche! – Kannst du dir einen glänzenderen Triumph wünschen, als wenn sich ein anständiges Mädchen kaum in der Loge zurückhalten lässt?!! Hat dein Leben denn ein anderes Ziel?! – Solang du noch einen Funken Achtung vor dir selber hast, bist du keine perfekte Tänzerin! Je fürchterlicher es den Menschen vor dir graut, um so größer stehst du in deinem Beruf da!!

Lulu.

Es ist mir ja auch vollkommen gleichgültig, was

man von mir denkt. Ich möchte um alles nicht besser sein, als ich bin. Mir ist wohl dabei.

SCHÖN, *in moralischer Empörung.*

Das ist deine wahre Natur! Das nenne ich aufrichtig. – Eine Korruption!!

LULU.

Ich wüsste nicht, dass ich je einen Funken Achtung vor mir gehabt hätte.

SCHÖN, *wird plötzlich misstrauisch.*

Keine Harlekinaden …

LULU.

O Gott – ich weiß sehr wohl, was aus mir geworden wäre, wenn Sie mich nicht davor bewahrt hätten.

SCHÖN.

Bist du denn heute vielleicht etwas anderes??

LULU.

Gott sei Dank, nein!

SCHÖN.

Das ist echt!

LULU, *lacht.*

Und wie überglücklich ich dabei bin!

SCHÖN, *spuckt aus.*

Wirst du jetzt tanzen?

LULU.

Wie und vor wem es ist!

SCHÖN.

Also dann auf die Bühne!!

LULU, *kindlich bittend.*

Nur eine Minute noch. Ich bitte Sie. Ich kann mich noch nicht aufrecht halten. – Man wird klingeln.

SCHÖN.

Du bist dazu geworden, trotz allem, was ich für deine Erziehung und dein Wohl geopfert habe!

LULU, *ironisch.*

Sie hatten Ihren vereitelnden Einfluss überschätzt?

SCHÖN.

Verschone mich mit deinen Witzen.

LULU.

Der Prinz war hier.

SCHÖN.

So?

LULU.

Er nimmt mich mit nach Afrika.

SCHÖN.

Nach Afrika?

LULU.

Warum denn nicht? Sie haben mich ja zur Tänzerin gemacht, damit einer kommt und mich mitnimmt.

SCHÖN.

Aber doch nicht nach Afrika!

LULU.

Warum haben Sie mich denn nicht ruhig in Ohnmacht fallen lassen und im stillen dem Himmel dafür gedankt?

SCHÖN.

Weil ich leider keinen Grund hatte, an deine Ohnmacht zu glauben!

LULU, *spöttisch.*

Sie hielten es unten nicht aus …?

SCHÖN.

Weil ich dir zum Bewusstsein bringen muss, was du bist und zu wem du nicht aufzublicken hast!

LULU.

Sie fürchteten, meine Glieder könnten doch vielleicht ernstlich Schaden genommen haben?

SCHÖN.

Ich weiß zu gut, dass du unverwüstlich bist.

LULU.

Das wissen Sie also doch?

SCHÖN, *aufbrausend.*

Sehen Sie mich nicht so unverschämt an!!

LULU.

Es hält Sie niemand hier.

SCHÖN.

Ich gehe, sobald es klingelt.

LULU.

Sobald Sie die Energie dazu haben! – Wo ist Ihre Energie? – Sie sind seit drei Jahren verlobt. Warum heiraten Sie nicht? – Sie kennen keine Hindernisse. Warum wollen Sie mir die Schuld geben? – Sie haben mir befohlen, Dr. Goll zu heiraten. Ich habe Dr. Goll gezwungen, mich zu heiraten. Sie haben mir befohlen, den Maler zu heiraten. Ich habe gute Miene zum bösen Spiel gemacht. – Sie kreieren Künstler, Sie protegieren Prinzen. Warum heiraten Sie nicht?

SCHÖN, *wütend.*

Glaubst du denn vielleicht, dass du mir im Weg stehst?!

LULU, *von jetzt an bis zum Schluss triumphierend.*

Wüssten Sie, wie Ihre Wut mich glücklich macht! Wie stolz ich darauf bin, dass Sie mich mit allen Mitteln demütigen! Sie erniedrigen mich so tief – so tief, wie man ein Weib erniedrigen kann, weil Sie hoffen, Sie könnten sich dann eher über mich hinwegsetzen. Aber Sie haben sich selber unsäglich weh getan durch alles, was Sie mir eben sagten. Ich sehe es Ihnen an. Sie sind schon beinahe am Ende Ihrer Fassung. Gehen Sie! Um Ihrer schuldlosen Braut willen, lassen Sie mich allein! Eine Minute noch, dann schlägt Ihre Stimmung um, und Sie machen mir eine andere Szene, die Sie jetzt nicht verantworten können!

SCHÖN.

Ich fürchte dich nicht mehr.

LULU.

Mich? – Fürchten Sie sich selber! – Ich bedarf Ihrer nicht. Ich bitte Sie, gehen Sie! Geben Sie nicht mir die Schuld. Sie wissen, dass ich nicht ohnmächtig zu werden brauchte, um Ihre Zukunft zu zerstören. Sie haben ein unbegrenztes Vertrauen in meine Ehrenhaftigkeit! Sie glauben nicht nur, dass ich ein bestrickendes Menschenkind bin; Sie glauben auch, dass ich ein herzensgutes Geschöpf bin. Ich bin weder das eine noch das andere. Das Unglück für Sie ist nur, dass Sie mich dafür halten.

SCHÖN, *verzweifelt.*

Lass meine Gedanken gehen! Du hast zwei Männer unter der Erde. Nimm den Prinzen, tanz' ihn in Grund und Boden! Ich bin fertig mit dir. Ich weiß, wo der Engel bei dir zu Ende ist und der Teufel beginnt. Wenn ich die Welt nehme, wie sie geschaffen ist, so trägt der Schöpfer die Verantwortung, nicht ich! Mir ist das Leben keine Belustigung.

LULU.

Dafür stellen Sie auch Ansprüche an das Leben, wie sie höher niemand stellen kann … Sagen Sie mir, wer von uns beiden ist wohl anspruchsvoller, Sie oder ich?!

SCHÖN.

Schweig! Ich weiß nicht, wie und was ich denke.

Wenn ich dich höre, denke ich nicht mehr. In acht Tagen bin ich verheiratet. Ich beschwöre dich – bei dem Engel, der in dir ist, komm mir derweil nicht mehr zu Gesicht!

Lulu.

Ich will meine Türe verschließen.

Schön.

Prahl' noch mit dir! – Ich habe, Gott ist mein Zeuge, seit ich mit der Welt und dem Leben ringe, noch niemandem so geflucht!

Lulu.

Das kommt von meiner niederen Herkunft.

Schön.

Von deiner Verworfenheit!!

Lulu.

Mit tausend Freuden nehme ich die Schuld auf mich! Sie müssen sich jetzt rein fühlen. Sie müssen sich jetzt für den sittenstrengen Mustermenschen, für den Tugendbold von unerschütterlichen Grundsätzen halten – sonst können Sie das Kind in seiner bodenlosen Unerfahrenheit gar nicht heiraten …

Schön.

Willst du, dass ich mich an dir vergreife?

Lulu, *rasch.*

Ja! ja! Was muss ich sagen, damit Sie es tun? Um kein Königreich möchte ich jetzt mit dem unschuldigen Kinde tauschen! Dabei liebt das Mädchen Sie, wie noch kein Weib Sie je geliebt hat!!

Schön.

Schweig, Bestie! Schweig!

Lulu.

Heiraten Sie sie – dann tanzt sie in ihrem kindlichen Jammer vor *meinen* Augen statt ich vor ihr!

Schön, *hebt die Faust.*

Verzeih' mir Gott ...

Lulu.

Schlagen Sie mich! Wo haben Sie Ihre Reitpeitsche! Schlagen Sie mich an die Beine ...

Schön, *greift sich an die Schläfen.*

Fort, fort ...! *Stürzt zur Türe, besinnt sich, wendet sich um.* Kann ich jetzt so vor das Kind hintreten? – Nach Hause! – Wenn ich zur Welt hinaus könnte!

Lulu.

Seien Sie doch ein Mann. – Blicken Sie sich einmal ins Gesicht. – Sie haben keine Spur von Gewissen. – Sie schrecken vor keiner Schandtat zurück. – Sie wollen das Mädchen, das Sie liebt, mit der größten Kaltblütigkeit unglücklich machen. – Sie erobern die halbe Welt. – Sie tun, was Sie wollen – und Sie wissen so gut ,wie ich – dass ...

Schön, *ist völlig erschöpft auf den Sessel links neben dem Mitteltisch zusammengesunken.*

Schweig!

Lulu.

Dass Sie zu schwach sind – um sich von mir loszureißen ...

Schön, *stöhnend.*

Oh! Oh! Du tust mir weh!

Lulu.

Mir tut dieser Augenblick wohl – ich kann nicht sagen, wie!

Schön.

Mein Alter! Meine Welt!

Lulu.

Er weint wie ein Kind – der furchtbare Gewaltmensch! Jetzt gehen Sie so zu Ihrer Braut und erzählen Sie ihr, was ich für eine Seele von einem Mädchen bin – keine Spur eifersüchtig!

SCHÖN, *schluchzend.*

Das Kind! Das schuldlose Kind!

LULU.

Wie kann der eingefleischte Teufel plötzlich so weich werden? – – Jetzt gehen Sie aber bitte. Jetzt sind Sie nichts mehr für mich.

SCHÖN.

Ich kann nicht zu ihr.

LULU.

Hinaus mit Ihnen! Kommen Sie zu mir zurück, wenn Sie wieder zu Kräften gelangt sind.

SCHÖN.

Sag' mir um Gottes willen, was ich tun soll.

LULU, *erhebt sich; ihr Mantel bleibt auf dem Sessel. Auf dem Mitteltisch die Kostüme beiseiteschiebend.*

Hier ist Briefpapier …

SCHÖN.

Ich kann nicht schreiben …

LULU, *aufrecht hinter ihm stehend, auf die Lehne seines Sessels gestützt.*

Schreiben Sie! – Sehr geehrtes Fräulein …

SCHÖN, *zögernd.*

Ich nenne Sie Adelheid …

LULU, *mit Nachdruck.*

Sehr geehrtes Fräulein …

SCHÖN, *schreibend.*

– Mein Todesurteil!

LULU.

Nehmen Sie Ihr Wort zurück. Ich kann es mit meinem Gewissen – *da Schön die Feder absetzt und ihr einen flehentlichen Blick zuwirft.* Schreiben Sie Gewissen! – nicht vereinbaren, Sie an mein unseliges Los zu fesseln …

SCHÖN, *schreibend.*

Du hast recht. – Du hast recht.

LULU.

Ich gebe Ihnen mein Wort, dass ich Ihrer Liebe – *da sich Schön wieder zurückwendet.* Schreiben Sie Liebe! – unwürdig bin. Diese Zeilen sind Ihnen der Beweis. Seit drei Jahren versuche ich mich loszureißen; ich habe die Kraft nicht. Ich schreibe Ihnen an der Seite der Frau, die mich beherrscht. – Vergessen Sie mich. – Doktor Ludwig Schön.

SCHÖN, *aufächzend.*

O Gott!

LULU, *halb erschrocken.*

Ja kein »O Gott!« – *Mit Nachdruck.* Doktor Ludwig Schön. – Postskriptum: Versuchen Sie nicht, mich zu retten.

SCHÖN, *nachdem er zu Ende geschrieben, in sich zusammenbrechend.*

Jetzt – kommt die – Hinrichtung …

Vierter Aufzug

Prachtvoller Saal in deutscher Renaissance mit schwerem Plafond in geschnitztem Eichenholz. Die Wände bis zur halben Höhe in dunklen Holzskulpturen. Darüber an beiden Seiten verblasste Gobelins. Nach hinten oben ist der Saal durch eine verhängte Galerie abgeschlossen, von der links eine monumentale Treppe bis zur halben Tiefe der Bühne herabführt. In der Mitte unter der Galerie die Eingangstür mit gewundenen Säulen und Frontispiz. An der rechten Seitenwand ein geräumiger hoher Kamin. Weiter vorn ein Balkonfenster mit geschlossenen schweren Gardinen. An der linken Seitenwand vor dem Treppenfuße eine geschlossene Portiere in Genueser Samt.

Vor dem Kamin steht als Schirm eine chinesische Klappwand. Vor dem Fußpfeiler des freien Treppengeländers auf einer dekorativen Staffelei Lulus Bild als Pierrot in antiquisiertem Goldrahmen. Links vorn eine breite Ottomane, rechts davor ein Fauteuil. In der Mitte des Saales ein vierkantiger Tisch mit schwerer Decke, um den drei hochlehnige Polstersessel stehen. Auf dem Tisch steht ein weißes Bukett.

Erster Auftritt

Schön. Lulu. Gräfin Geschwitz.

Geschwitz, *auf der Ottomane, in pelzbesetzter Husaren-Taille, hoher Stehkragen, riesige Manschettenknöpfe, Schleier vor dem Gesicht, die Hände krampfhaft im Muff; zu Lulu.*

Sie glauben nicht, wie ich mich darauf freue, Sie auf unserem Künstlerinnenball zu sehen.

Schön, *links vorn.*

Sollte denn für unsereinen gar keine Möglichkeit bestehen, sich einzuschmuggeln?

Geschwitz.

Es wäre Hochverrat, wenn jemand von uns einer solchen Intrige Vorschub leistete.

Schön, *geht hinter der Ottomane durch zum Mitteltisch.*

Die prachtvollen Blumen.

Lulu, *im Fauteuil, in großblumigem Morgenkleid, das Haar in schlichtem Knoten in goldener Spange.*

Die hat mir Fräulein von Geschwitz gebracht.

Geschwitz.

O bitte. – Sie werden sich doch jedenfalls als Herr kostümieren?

Lulu.

Glauben Sie denn, dass mich das kleidet?

Geschwitz, *auf das Bild deutend.*

Hier sind Sie wie ein Märchen.

Lulu.

Mein Mann mag es nicht.

Geschwitz.

Ist es von einem Hiesigen?

LULU.

Sie werden ihn kaum gekannt haben.

GESCHWITZ.

Er lebt nicht mehr?

SCHÖN, *rechts vorn, mit tiefer Stimme.*

Er hatte genug.

LULU.

Du bist verstimmt.

SCHÖN, *beherrscht sich.*

GESCHWITZ, *sich erhebend.*

Ich muss gehen, Frau Doktor. Ich kann nicht länger bleiben. Wir haben heute abend Aktzeichnen, und ich habe noch so viel für den Ball vorzubereiten. – *Grüßend.* Herr Doktor. *Von Lulu geleitet, durch die Mitte ab.*

ZWEITER AUFTRITT

SCHÖN, *allein, sich umsehend.*

Der reine Augiasstall. Das mein Lebensabend. Man soll mir einen Winkel zeigen, der noch rein ist. Die Pest im Haus. Der ärmste Tagelöhner hat sein sauberes Nest. Dreißig Jahre Arbeit, und das mein Familienkreis, der Kreis der Meinen ... *sich umsehend.* Gott weiß, wer mich jetzt wieder belauscht! *Zieht einen Revolver aus der Brusttasche.* Man ist ja seines Lebens nicht sicher! *Er geht, den gespannten Revolver in der Rechten haltend, nach rechts und spricht an die geschlossene Fenstergardine hin.* Das mein Familienkreis! Der Kerl hat noch Mut! Soll ich mich denn nicht lieber selber vor den Kopf schießen? Gegen Todfeinde kämpft man, aber der … *er schlägt die Gardine in die Höhe; da er niemand dahinter versteckt findet.* Der Schmutz – der Schmutz … *er schüttelt den Kopf und geht nach links hinüber* – der Irrsinn hat sich meiner Vernunft schon bemächtigt, oder – Ausnahmen bestätigen die Regel! *Er steckt, da er Lulu kommen hört, den Revolver ein.*

Dritter Auftritt

Lulu. Schön. *Beide links vorn.*

Lulu.
Könntest du dich für heute nachmittag nicht frei machen?

Schön.
Was wollte diese Gräfin eigentlich?

Lulu.
Ich weiß nicht. Sie will mich malen.

Schön.
Das Unglück in Menschengestalt, das einem seine Aufwartung macht.

Lulu.
Könntest du dich denn nicht frei machen? Ich würde so gerne mit dir durch die Anlagen fahren.

Schön.
Gerade der Tag, an dem ich auf der Börse sein muss. Du weißt, dass ich heute nicht frei bin. Meine ganze Habe treibt auf den Wellen.

Lulu.
Lieber wollte ich schon beerdigt sein, als mir mein ganzes Leben so durch meine Habe verbittern lassen.

Schön.

Wem das Leben leicht wird, dem fällt das Sterben nicht schwer.

Lulu.

Als Kind hatte ich auch immer die entsetzlichste Angst vor dem Tod.

Schön.

Deswegen habe ich dich ja geheiratet.

Lulu, *an seinem Hals.*

Du bist schlecht gelaunt. Du machst dir zuviel Sorgen. Seit Wochen und Monaten habe ich nichts mehr von dir.

Schön, *ihr Haar streichelnd.*

Dein Frohsinn sollte meine alten Tage erheitern.

Lulu.

Du hast mich ja gar nicht geheiratet.

Schön.

Wen hätte ich denn sonst geheiratet?

Lulu.

Ich habe dich geheiratet!

Schön.

Was ändert denn das daran?

Lulu.

Ich fürchtete immer, es werde vieles ändern.

Schön.

Es hat auch viel unter die Füße gestampft.

Lulu.

Nur gottlob eines nicht!

Schön.

Darauf wäre ich begierig.

Lulu.

Deine Liebe zu mir. *Schön, zuckt mit dem Gesicht, winkt ihr, voranzugehen. Beide nach links vorn ab.*

Vierter Auftritt

Gräfin *Geschwitz, öffnet vorsichtig die Mitteltür, wagt sich nach vorn und lauscht; schrickt zusammen, da Stimmen auf der Galerie laut werden.* O Gott, da ist jemand … *Versteckt sich hinter dem Kaminschirm.*

Fünfter Auftritt

Schigolch. Rodrigo. Hugenberg.

Schigolch, *tritt über der Treppe aus den Gardinen, wendet sich zurück.*

Der Junge hat sein Herz wohl im Café »Nachtlicht« zurückgelassen?!

Rodrigo, *zwischen den Gardinen.*

Er ist noch zu klein für die große Welt und kann noch nicht so weit zu Fuß gehen. *Verschwindet.*

Schigolch, *kommt die Treppe herunter.*

Gott sei Dank, dass wir endlich wieder zu Hause sind! Welcher Stinkpeter wohl wieder die Treppe gewichst hat! Wenn ich mir meine Knochen vor der Heimrufung noch mal in Gips gießen lassen muss, dann kann sie mich zwischen den Palmen hier ihren Relationen als mediceische Venus vorstellen. Nichts als Klippen. Nichts als Fallstricke.

Rodrigo, *kommt, Hugenberg auf den Armen tragend, die Treppe herunter.*

Das hat einen königlichen Polizeidirektor zum Vater und nicht soviel Courage im Leib wie der abgerissenste Landstreicher!

Hugenberg.

Wenn es auf nichts als auf Tod und Leben ginge, dann solltet ihr mich kennen lernen!

Rodrigo.

Das Brüderchen wiegt samt seinem Liebeskummer nicht mehr als sechzig Kilo. Darauf will ich mich jede Minute hängen lassen.

Schigolch.

Wirf ihn an den Plafond hinauf und fang ihn mit den Füßen auf. Das peitscht ihm sein junges Blut gleich von vornherein in die richtige Wallung.

Hugenberg, *mit den Beinen strampelnd.*

O je, o je, ich werde von der Schule gejagt!

Rodrigo, *ihn am Treppenfuß niedersetzend.*

Du bist noch auf gar keiner vernünftigen Schule gewesen!

Schigolch.

Hier hat sich schon mancher die ersten Sporen verdient. Nur ja keine Schüchternheit! Zuerst werde ich euch einen Tropfen vorsetzen, wie er für Geld nirgends zu haben ist. *Er öffnet ein Schränkchen unter der Treppe.*

Hugenberg.

Wenn sie jetzt aber nicht unverzüglich angetanzt kommt, dann verhaue ich euch beide, dass ihr euch noch im Jenseits den Buckel reibt.

Rodrigo, *hat sich rechts an den Tisch gesetzt.*

Den stärksten Mann der Welt will das Brüderchen verhaun! *Zu Hugenberg.* Lass dir von Mutterchen erst lange Hosen anziehen.

Hugenberg, *sich links an den Tisch setzend.*

Ich wünschte lieber, du borgtest mir deinen Schnurrbart.

Rodrigo.

Willst du vielleicht, dass sie dich gleich zur Türe hinauswirft?

Hugenberg.

Zum Henker noch mal, wenn ich nur schon wüsste, was ich ihr sagen soll!

Rodrigo.

Das weiß sie schon selber am besten.

Schigolch, *setzt zwei Flaschen und drei Gläser auf den Tisch.*

Die eine habe ich gestern schon angebrochen. *Er füllt die Gläser.*

Rodrigo, *Hugenbergs Glas schätzend.*

Gib ihm nicht zuviel, sonst müssen wir beide es ausbaden.

Schigolch, *sich mit beiden Händen auf die Tischplatte stützend.*

Rauchen die Herren?

Hugenberg, *sein Zigarettenetui öffnend.*

Da sind Habanna-Importen!

Rodrigo, *sich bedienend.*

Von Papa Polizeidirektor?

Schigolch, *sich setzend.*

Ich habe alles im Hause. Braucht nur zu befehlen.

Hugenberg.

Ich habe ihr gestern ein Gedicht gemacht.

Rodrigo.

Was hast du ihr gemacht?

Schigolch.

Was hat er ihr gemacht?

Hugenberg.

Ein Gedicht.

Rodrigo, *zu Schigolch.*
Ein Gedicht.

Schigolch.
Einen Taler hat er mir versprochen, wenn ich auskundschafte, wo er mit ihr allein zusammentreffen kann.

Hugenberg.
Wer wohnt denn eigentlich hier?

Rodrigo.
Hier wohnen wir!

Schigolch.
Jour fixe – jeden Börsentag! – Zum Wohl! *Sie stoßen an.*

Hugenberg.
Soll ich es ihr vielleicht zuerst vorlesen?

Schigolch, *zu Rodrigo.*
Was meint er?

Rodrigo.
Sein Gedicht. Er will sie gerne zuerst ein wenig auf die Folter spannen.

Schigolch, *Hugenberg fixierend.*
Die Augen! Die Augen!

Rodrigo.
Die Augen, ja! Die haben sie seit acht Tagen um ihren Schlaf gebracht.

Schigolch, *zu Rodrigo.*
Du kannst dich einpökeln lassen.

Rodrigo.
Wir beide können uns einpökeln lassen! Zum Wohl, Gevatter Tod.

Schigolch, *anstoßend.*
Zum Wohl, Springfritze! Wenn es später noch besser kommt, dann bin ich jeden Augenblick zum Aufbruch bereit; aber … aber …

Sechster Auftritt

Lulu. *Die* Vorigen. *Später* Ferdinand.

Lulu, *von links, in eleganter Pariser Balltoilette, weit dekolletiert, mit Blumen vor der Brust und im Haar.*

Aber Kinder, Kinder, ich erwarte Besuch.

Schigolch.

Aber das kann ich euch sagen, die müssen es sich da drüben was kosten lassen!

Hugenberg, *hat sich erhoben.*

Lulu, *sich auf die Armlehne seines Sessels setzend.*

Sie sind in eine nette Gesellschaft geraten. Ich erwarte Besuch, Kinder.

Schigolch.

Da muss ich mir wohl auch was verstecken. *Sucht in dem Bukett, das auf dem Tische steht.*

Lulu.

Sehe ich gut aus?

Schigolch.

Was sind das, was du da vorhast?

Lulu.

Orchideen. *Sich mit der Brust über Hugenberg neigend.* Riechen Sie.

Rodrigo.

Sie erwarten wohl den Prinzen Escerny?

Lulu, *schüttelt den Kopf.*

Gott bewahre!

Rodrigo.

Also wieder jemand anders!

Lulu.

Der Prinz ist verreist.

RODRIGO.

Sein Königreich auf Auktion bringen?

LULU.

Er kundschaftet eine frische Völkerschaft in der Gegend von Afrika aus. *Erhebt sich, eilt die Treppe hinauf und tritt in die Galerie ein.*

RODRIGO, *zu Schigolch.*

– Er hat sie nämlich ursprünglich heiraten wollen.

SCHIGOLCH, *sich eine Lilie versteckend.*

Ich habe sie ursprünglich auch heiraten wollen.

RODRIGO.

Du hast sie ursprünglich heiraten wollen?

SCHIGOLCH.

Hast du sie nicht auch ursprünglich heiraten wollen?

RODRIGO.

Jawohl habe ich sie ursprünglich heiraten wollen!!

SCHIGOLCH.

Wer hat sie nicht ursprünglich heiraten wollen!

RODRIGO.

– So gut hätte ich's nie gekriegt!

SCHIGOLCH.

Sie hat es keinen bereuen lassen, dass er sie nicht geheiratet hat.

RODRIGO.

– Sie ist also nicht dein Kind?

SCHIGOLCH.

Fällt ihr nicht ein.

HUGENBERG.

Wie heißt denn ihr Vater?

SCHIGOLCH.

Sie hat mit mir renommiert!

HUGENBERG.

Wie heißt denn ihr Vater?

Schigolch.

Was meint er?

Rodrigo.

Wie ihr Vater heißt.

Schigolch.

Sie hat nie einen gehabt.

Lulu, *kommt von der Galerie herunter und setzt sich wieder zu Hugenberg auf die Armlehne.*

Was habe ich nie gehabt?

Alle *drei.*

Einen Vater.

Lulu.

Ja gewiss, ich bin ein Wunderkind. *Zu Hugenberg.* Wie sind Sie denn mit Ihrem Vater zufrieden?

Rodrigo.

Er raucht wenigstens eine anständige Zigarre, der Herr Polizeidirektor.

Schigolch.

Hast oben zugeschlossen?

Lulu.

Da ist der Schlüssel.

Schigolch.

Hättest ihn lieber stecken lassen.

Lulu.

Warum denn?

Schigolch.

Damit man von außen nicht aufschließen kann.

Rodrigo.

Ist er denn nicht auf der Börse?

Lulu.

O doch, aber er leidet an Verfolgungswahn.

Rodrigo.

Ich nehme ihn auf die Füße und jupp – dass er oben an der Decke klebenbleibt.

Lulu.

Sie jagt er mit einem Viertelseitenblick durch ein Mausloch.

Rodrigo.

Was jagt er? Wen jagt er? *Seinen Arm entblößend.* Sehen Sie sich bitte den Bizeps an.

Lulu.

Zeigen Sie. *Geht nach rechts.*

Rodrigo, *sich auf den Arm schlagend.*

Granit. – Schmiedeeisen.

Lulu, *befühlt abwechselnd Rodrigos Oberarm und ihren eigenen.*

Wenn Sie nur nicht so lange Ohren hätten ...

Ferdinand, *durch die Mitte eintretend.*

Herr Doktor Schön.

Rodrigo, *aufspringend.*

Der Lumpenkerl. *Will hinter den Kaminschirm, fährt zurück.* Gott behüte einen! *Versteckt sich rechts vorn hinter den Gardinen.*

Schigolch.

Gib mir den Schlüssel her! *Nimmt Lulu den Schlüssel ab und schleppt sich die Treppe zur Galerie hinauf.*

Hugenberg, *ist vom Sessel unter den Tisch geglitten.*

Lulu.

Ich lasse bitten.

Ferdinand, *ab.*

Hugenberg, *lauscht vorn unter dem Saum der Tischdecke vor, für sich.*

Er bleibt hoffentlich nicht – dann sind wir allein ...

LULU, *berührt ihn mit der Fußspitze.*
HUGENBERG, *verschwindet.*

SIEBENTER AUFTRITT

Die VORIGEN. ALWA.

FERDINAND, *lässt Alwa eintreten. Ab.*

ALWA, *in Soireetoilette.*
Die Matinee wird, wie ich mir denke, bei brennenden Lampen stattfinden. Ich habe ... *Schigolch bemerkend, der sich mühsam die Treppe hinaufschleppt.* Was ist denn das?

LULU.
Ein alter Freund deines Vaters.

ALWA.
Mir völlig unbekannt.

LULU.
Sie haben den Feldzug zusammen mitgemacht. Es geht ihm entsetzlich ...

ALWA.
Ist denn mein Vater hier?

LULU.
Er hat ein Glas mit ihm getrunken. Er musste auf die Börse. – Wir dejeunieren aber doch vorher?

ALWA.
Wann geht es denn an?

LULU.
Nach zwei. *Da Alwa Schigolch mit dem Blick folgt.* Wie findest du mich ...?

SCHIGOLCH, *über die Galerie ab.*

Alwa.

Sollte ich dir das nicht lieber verschweigen?

Lulu.

Ich meine ja nur die Toilette.

Alwa.

Deine Schneiderin kennt dich offenbar besser als ich mir erlauben darf dich zu kennen.

Lulu.

Als ich mich im Spiegel sah, hätte ich ein Mann sein wollen … *sich unterbrechend* – mein Mann! –

Alwa.

Du scheinst deinen Mann um das Glück zu beneiden, das du ihm bietest. *Lulu links, Alwa rechts vom Mitteltisch. Er betrachtet sie mit scheuem Wohlgefallen.*

Ferdinand, *durch die Mitte mit Service, deckt den Tisch und legt zwei Kuverts auf; Flasche Pommery, Hors-d'Oeuvres.*

Alwa.

Haben Sie Zahnschmerzen?

Lulu, *zu Alwa hinüber.*

Nicht.

Ferdinand.

Herr Doktor …?

Alwa.

Er scheint mir heute so weinerlich.

Ferdinand, *durch die Zähne.*

Man ist auch nur ein Mensch. – *Ab. Beide setzen sich zu Tisch.*

Lulu.

– Was ich immer am höchsten an dir schätzte, ist deine Charakterfestigkeit. Du bist deiner so vollkommen sicher! Wenn du auch fürchten musstest, dich deshalb mit deinem Vater zu überwerfen, du bist trotzdem immer wie ein Bruder für mich eingetreten.

ALWA.

Lassen wir das. Es ist nun einmal mein Los … *will vorn die Tischdecke heben.*

LULU, *rasch.*

Das war ich.

ALWA.

Nicht möglich! – Es ist nun einmal mein Los, bei den leichtsinnigsten Gedanken immer das Allerbeste zu erzielen.

LULU.

Du redest dir etwas ein, wenn du dich vor dir selber schlecht machst.

ALWA.

Warum schmeichelst du mir so? – Es ist wahr, es lebt vielleicht kein so schlechter Mensch wie ich – der so viel Gutes zuwege gebracht hätte.

LULU.

Auf jeden Fall bist du der einzige Mann auf dieser Welt, der mich beschützt hat, ohne mich vor mir selbst zu erniedrigen!

ALWA.

Hältst du das für so leicht …?

ACHTER AUFTRITT

SCHÖN. *Die* VORIGEN.

SCHÖN, *erscheint auf der Galerie zwischen den beiden mittleren Säulen, indem er vorsichtig den Vorhang teilt, über die Bühne wegsprechend.*

Mein eigener Sohn!

ALWA.

… Mit deinen Gottesgaben macht man seine Umgebung zu Verbrechern, ohne sich's träumen zu lassen. – Ich bin auch nur Fleisch und Blut, und wenn wir nicht wie Geschwister nebeneinander aufgewachsen wären …

LULU.

Deshalb gebe ich mich auch nur dir allein ganz ohne Rückhalt. Von dir habe ich nichts zu fürchten.

ALWA.

Ich versichere dir, es gibt Augenblicke, wo man gewärtig ist, sein ganzes Innere einstürzen zu sehen. – Je mehr Selbstüberwindung ein Mann sich aufbürdet, um so leichter bricht er zusammen. Darüber hilft nichts hinweg als … *er will unter den Tisch sehen.*

LULU, *rasch.*

Was suchst du denn?!

ALWA.

Ich beschwöre dich, lass mich mein Glaubensbekenntnis für mich behalten! Als unantastbares Heiligtum warst du mir mehr, als du in deinem Leben mit all deinen Gaben irgend sonst jemandem sein konntest!

LULU.

Wie denkst du darin doch so ganz anders als dein Vater!

FERDINAND, *kommt durch die Mitte, wechselt die Teller und serviert Brathähnchen mit Salat.*

ALWA, *zu Ferdinand.*

Sind Sie krank?

Lulu, *zu Alwa.*

Lass ihn doch!

Alwa.

Er zittert wie im Fieber.

Ferdinand.

Ich bin das Servieren noch nicht so gewohnt.

Alwa.

Sie müssen sich was verschreiben lassen.

Ferdinand, *durch die Zähne.*

Ich kutschiere gewöhnlich. – – *Ab.*

Schön, *auf der Galerie, über die Bühne wegsprechend.*

Der also auch. *Nimmt hinter der Brüstung Platz, sich nach Erfordernis mit dem Vorhang deckend.*

Lulu.

Was sind das für Augenblicke, von denen du sprachst, wo man gewärtig ist, sein ganzes Innere zusammenstürzen zu sehen?

Alwa.

Ich *wollte* nicht davon sprechen. – Ich möchte nicht gern über einem Glas Champagner verscherzen, was mir während zehn Jahren mein höchstes Lebensglück gewesen.

Lulu.

Ich habe dir weh getan. Ich will nicht wieder davon anfangen.

Alwa.

Versprichst du mir das für immer?

Lulu.

Meine Hand darauf. *Reicht ihm ihre Hand über den Tisch.*

Alwa, *ergreift sie zögernd, presst sie in der seinigen, drückt sie lang und innig an seine Lippen.*

Lulu.

Was tust du …

Rodrigo, *steckt rechts den Kopf aus den Gardinen.*

Lulu, *wirft ihm über Alwa hinweg einen wütenden Blick zu.*

Rodrigo, *zieht sich zurück.*

Schön, *auf der Galerie, aber die Bühne wegsprechend.*

Und da ist noch einer!

Alwa, *ihre Hand haltend.*

Eine Seele – die sich im Jenseits den Schlaf aus den Augen reibt … O diese Hand …

Lulu, *harmlos.*

Was findest du daran …

Alwa.

Ein Arm …

Lulu.

Was findest du daran …

Alwa.

Einen Körper …

Lulu, *unschuldig.*

Was findest du daran …

Alwa, *erregt.*

Mignon!

Lulu, *völlig verständnislos.*

Was findest du daran …

Alwa, *leidenschaftlich.*

Mignon! Mignon!

Lulu, *wirft sich auf die Ottomane.*

Sieh mich nicht so an – um Gottes willen! Lass uns lieber gehen, ehe es zu spät ist. Du bist ein verworfener Mensch!

Alwa.

Ich sagte dir ja, ich bin der niederträchtigste Schurke …

Lulu.

Das sehe ich!!

Alwa.

Ich habe kein Ehrgefühl – keinen Stolz …

Lulu.

Du hältst mich für deinesgleichen!

Alwa.

Du? – du stehst so himmelhoch über mir wie – wie die Sonne über dem Abgrund … *Kniend.* Richte mich zugrunde! – Ich bitte dich, mach' ein Ende mit mir! – Mach' ein Ende mit mir!

Lulu.

Liebst du mich denn?

Alwa.

Ich bezahle dich mit allem, was mein war!

Lulu.

Liebst du mich?!

Alwa.

Liebst du mich – Mignon …?

Lulu.

Ich? – Keine Seele.

Alwa.

Ich *liebe* dich. *Birgt seinen Kopf in ihrem Schoß.*

Lulu, *beide Hände in seinen Locken.*

Ich habe deine Mutter vergiftet …

Rodrigo, *steckt rechts den Kopf aus den Gardinen, sieht Schön auf der Galerie sitzen und macht ihn durch Zeichen auf Lulu und Alwa aufmerksam.*

Schön, *richtet seinen Revolver gegen Rodrigo.*

Rodrigo, *bedeutet ihn, den Revolver auf Alwa zu richten.*

Schön, *spannt den Revolver und zielt auf Rodrigo.*

Rodrigo, *fährt hinter die Gardinen zurück.*

Lulu, *sieht Rodrigo zurückfahren, sieht Schön auf der Galerie sitzen, erhebt sich.*

Sein Vater!

Schön, *erhebt sich, lässt den Vorhang vor sich nieder.*

Alwa, *bleibt regungslos auf den Knien. Pause.*

Schön, *eine Zeitung in der Hand, nimmt Alwa bei der Schulter.*

Alwa!

Alwa, *erhebt sich wie schlaftrunken.*

Schön.

In Paris ist Revolution ausgebrochen.

Alwa.

Nach Paris ... lass mich nach Paris ...

Schön.

Auf der Redaktion rennen sie sich den Kopf gegen die Wand. Keiner weiß, was er schreiben soll ... *Entfaltet das Zeitungsblatt, geleitet Alwa durch die Mitte hinaus.*

Rodrigo, *stürzt rechts aus den Gardinen, will die Treppe hinan.*

Lulu, *vertritt ihm den Weg.*

Sie können hier nicht hinaus.

Rodrigo.

Lassen Sie mich durch!

Lulu.

Sie rennen ihm in die Arme.

Rodrigo.

Er jagt mir sein Pistol durch den Kopf.

Lulu.

Er kommt.

Rodrigo, *zurücktaumelnd.*

Himmel, Tod und Wolkenbruch! *Hebt die Tischdecke.*

Hugenberg.

Kein Platz!

Rodrigo.

Verdammt und zugenäht! *Sieht sich um, verbirgt sich links hinter der Portiere.*

Schön, *durch die Mitte, verschließt die Tür, geht, den Revolver in der Hand, auf das Fenster rechts vorn zu, schlägt die Gardine in die Höhe.*

– Wo ist denn der hin?

Lulu, *auf den untersten Treppenstufen.*

Hinaus.

Schön.

Über den Balkon hinunter??

Lulu.

Er ist Kunstturner.

Schön.

Das war nicht vorauszusehen. – *Sich gegen Lulu wendend.* Du Kreatur, die mich durch den Straßenkot zum Martertode schleift!

Lulu.

Warum hast du mich nicht besser erzogen?

Schön.

Du Würgengel! Du unabwendbares Verhängnis! Mörder werden oder im Schmutz ertrinken; mich einschiffen wie ein entlassener Sträfling oder mich über dem Morast aufhängen. Du Freude meines Alters! Du Henkerstrick!

Lulu, *kaltblütig.*

Schweig doch und bring mich um!

Schön.

Ich habe dir Hab und Gut verschrieben und nichts gefordert als die Achtung, die meinem Haus jeder Dienstbote zollt. Dein Kredit ist erschöpft!

Lulu.

Ich kann noch auf Jahre für meine Rechnung einstehen. *Von der Treppe nach vorn kommend.* Wie gefällt dir mein neues Kleid?

Schön.

Weg mit dir, sonst schlägt's mir morgen über den Kopf, und mein Sohn schwimmt in seinem Blute. Du haftest mir als unheilbare Seuche an, an der ich bis in mein Grab meine Lebenszüge verächzen soll. Ich will mich heilen. Begreifst du mich? *Ihr den Revolver aufdrängend.* Das ist dein Spezifikum. – Brich nicht in die Knie! – Du sollst es dir selbst applizieren. Du oder ich, wir messen uns.

Lulu, *hat sich, da die Kräfte sie zu verlassen drohen, auf den Diwan niedergelassen; den Revolver hin und her drehend.*

Das geht ja nicht los.

Schön.

Weißt du noch, wie ich dich der Korrektionspolizei aus den Krallen riss?

Lulu.

Du hast viel Zutrauen …

Schön.

Weil ich eine Dirne nicht fürchte? Soll ich dir die Hand führen? Hast du selbst kein Erbarmen mit dir? *Da Lulu den Revolver gegen ihn richtet.* Keinen blinden Lärm!

Lulu, *knallt einen Schuss gegen den Plafond.*

Rodrigo, *springt aus der Portiere, die Treppe hinauf, über die Galerie ab.*

Schön.

Was war das … ?

Lulu, *harmlos.*

Nichts.

Schön, *die Portiere hebend.*

Was kam da herausgeflattert?

Lulu.

Du leidest an Verfolgungswahn.

Schön.

Hältst du noch mehr Männer hier versteckt? *Ihr den Revolver entreißend.* Ist sonst noch ein Mann bei dir zu Besuch? *Nach rechts gehend.* Ich will deine Männer regulieren! *Schlägt die Fenstergardinen in die Höhe, wirft den Kaminschirm zurück, packt die Geschwitz am Kragen und schleppt sie nach vorn.* Kommen Sie durch den Rauchfang herunter?

Geschwitz, *in Todesangst zu Lulu.*

Retten Sie mich vor ihm.

Schön, *sie schüttelnd.*

Oder sind Sie auch Kunstturner?

Geschwitz, *wimmernd.*

Sie tun mir weh.

Schön, *sie schüttelnd.*

Jetzt müssen Sie notwendig noch zum Diner bleiben. *Schleppt sie nach links, stößt sie ins Nebenzimmer, verschließt die Tür hinter ihr.* Wir wollen keine Ausrufer. *Setzt sich neben Lulu, drängt ihr den Revolver auf.* Es ist noch genug für dich drin. – Sieh mich an! Ich kann in meinem Haus meinem Kutscher nicht helfen, mir die Stirn zu verzieren. Sieh mich an! Ich bezahle meinen Kutscher. Sieh mich an! Vergönne ich meinem Kutscher was, wenn ich den infamen Stallgeruch nicht verschnupfen kann?

Lulu.

Lass anspannen. Bitte. Wir fahren in die Oper.

Schön.

Wir fahren zum Teufel! Jetzt kutschiere ich. *Den*

Revolver in ihrer Hand von sich ab und auf Lulus Brust wendend. Glaubst du, man lässt sich misshandeln, wie du mich misshandelst, und besinnt sich zwischen einer Galeerenschande und dem Verdienst, die Welt von dir zu befreien? *Hält sie am Arm nieder.* Komm zu Ende. Es soll mir die glücklichste Erinnerung meines Lebens sein. Drück los!

Lulu.

– Du kannst dich scheiden lassen.

Schön, *sich erhebend.*

Das war noch übrig. Damit morgen ein Nächster seinen Zeitvertreib findet, wo ich von Abgrund zu Abgrund geschaudert, den Selbstmord im Nacken und dich vor mir. Das wagt sich dir über die Lippen? Was ich von meinem Leben in dich hineingelebt, soll ich wilden Tieren vorgeworfen sehen? Siehst du dein Bett mit dem Schlachtopfer darauf? Der Junge hat Heimweh nach dir. – Hast du dich scheiden lassen? Du hast ihn unter die Füße getreten, ihm das Gehirn ausgeschlagen, sein Blut in Goldstücken aufgefangen. Ich mich scheiden lassen! Lässt man sich scheiden, wenn die Menschen ineinander hineingewachsen und der halbe Mensch mitgeht? *Nach dem Revolver langend.* Gib her.

Lulu.

Erbarmen!

Schön.

Ich will dir die Mühe abnehmen.

Lulu, *reißt sich von ihm los, den Revolver niederhaltend, in entschiedenem selbstbewussten Ton.*

– Wenn sich die Menschen um meinetwillen umgebracht haben, so setzt das meinen Wert nicht herab. – Du hast so gut gewusst, weswegen du mich zur Frau nimmst, wie ich gewusst habe, weswegen ich dich zum Manne nehme. – Du hattest deine besten Freunde mit mir betrogen, du konntest nicht gut auch noch dich selber mit mir betrügen. – Wenn du mir deinen Lebensabend zum Opfer bringst, so hast du meine ganze Jugend dafür gehabt. Du verstehst dich zehnmal besser als ich darauf, was höher im Wert steht. Ich habe nie in der Welt etwas anderes scheinen wollen, als wofür man mich genommen hat, und man hat mich nie in der Welt für etwas anderes genommen, als was ich bin. – Du willst mich dazu zwingen, mir eine Kugel ins Herz zu jagen. Ich bin keine sechzehn Jahre mehr; aber um mir eine Kugel ins Herz zu jagen, dafür bin ich mir doch noch zu jung!

SCHÖN, *auf sie eindringend.*

Nieder, Mörderin! Nieder mit dir! In die Knie, Mörderin! *Er drängt sie bis vor die Treppe. Die Hand erhebend.* Nieder – und wage nicht wieder aufzustehen!

LULU, *ist in die Knie gesunken.*

SCHÖN.

Bete zu Gott, Mörderin, dass er dir Kraft gibt! Flehe zum Himmel, dass er dir die Kraft dazu verleiht!

HUGENBERG, *unter dem Tisch aufspringend, den Sessel beiseitestoßend Hilfe!*

SCHÖN, *wendet sich gegen Hugenberg, Lulu den Rücken kehrend.*

LULU, *feuert fünf Schüsse gegen Schön und hört nicht auf, den Revolver abzudrücken.*

SCHÖN, *vornüberstürzend, von Hugenberg aufgefangen, der ihn in den Sessel niederlässt.*

Und – da – ist – noch – einer …

LULU, *auf Schön zustürzend.*

Allbarmherziger …

SCHÖN.

Aus meinen Augen! – – – Alwa!

LULU, *auf den Knien.*

Der einzige, den ich geliebt!

SCHÖN.

Dirne! Mörderin! – Alwa! Alwa! – Wasser!

LULU.

Wasser; er verdurstet. *Füllt ein Glas mit Champagner und setzt es Schön an die Lippen.*

ALWA, *kommt über die Galerie, die Treppe herunter.*

Mein Vater! Um Gottes willen, mein Vater!

LULU.

Ich habe ihn erschossen.

HUGENBERG.

Sie ist unschuldig.

SCHÖN, *zu Alwa.*

Du bist es. Es ist missglückt.

ALWA, *will ihn aufheben*

Du musst zu Bett. Komm.

SCHÖN.

Fass mich nicht so an. – Ich verdorre …

LULU, *kommt mit dem Champagnerkelch.*

SCHÖN, *zu Lulu.*

Du bleibst dir gleich. *Nachdem er getrunken, zu Alwa.* Lass sie nicht entkommen. – Du bist der Nächste …

ALWA, *zu Hugenberg.*

Helfen Sie mir ihn aufs Bett bringen.

SCHÖN.

Nein, nein, bitte, nein. Sekt, Mörderin …

ALWA, *zu Hugenberg.*

Fassen Sie mit an. *Nach links deutend.* Ins Schlafzimmer. *Beide richten Schön empor und führen ihn nach rechts. Lulu bleibt neben dem Tisch, das Glas in der Hand.*

SCHÖN, *stöhnend.*

O Gott, o Gott, o Gott …

ALWA, *findet die Tür verschlossen, dreht den Schlüssel und öffnet. Gräfin Geschwitz tritt heraus.*

SCHÖN, *sich bei ihrem Anblick steil emporrichtend.*

Der Teufel schlägt rücklings auf den Teppich.

LULU, *wirft sich neben ihn, nimmt seinen Kopf auf den Schoß, küsst ihn.*

Er hat es überstanden. Richtet sich auf, will die Treppe hinan.

ALWA.

Nicht von der Stelle! –

GESCHWITZ, *zu Lulu.*

Ich glaubte, du wärest es.

LULU, *sich vor Alwa niederwerfend.*

Du kannst mich nicht dem Gericht ausliefern. Es ist mein Kopf, den man mir abschlägt. Ich habe ihn erschossen, weil er mich erschießen wollte. Ich habe keinen Menschen auf der Welt geliebt als *ihn*. Alwa, verlang, was du willst. Lass mich nicht der Gerechtigkeit in die Hände fallen. Es ist schade um mich! Ich bin noch jung. Ich will dir treu sein mein Leben lang. Ich will nur dir allein gehören. Sieh mich an, Alwa. – Mensch, sieh mich an! Sieh mich an! *Von außen wird an die Tür gepoltert.*

ALWA,

Die Polizei. Geht, um zu öffnen.

HUGENBERG.

Ich werde von der Schule gejagt.